しつけの回復
教えることの復権

「教育公害」を予防する

三浦清一郎

学文社

まえがき

　本書は筆者が編集する月刊生涯学習通信「風の便り」と、九州、中国地方で行ってきた「生涯学習実践研究フォーラム」に提出した論文に修正を加えてまとめたものです。個々の論文は独立したものですが、全体を通して、「戦後教育は「子ども観」と「指導法」において失敗であった」ということを論じました。ただし、本論では「幼少年期」のしつけと教育に限定して説明しています。思春期以降、青年期の教育は、彼らの「主体性」や「自主性」を重んじたまったく違ったものになると考えています。

　社会教育の研究ももちろん同じですが、学校や家庭の教育論も、現場がなければ問題解決の論理は生まれようがありません。振り返って百ぐらいの幼少年期を対象とした研究会や発表会に立ち会わせていただいたでしょうか。また、近年、集中的に二つの小学校の顧問を務めました。突破口は、三年間正式に顧問を務めた長崎県壱岐市の霞翠小学校から始まりました。先生方との協働も連帯も、教育行政との相互理解も初めて実感することができ、三年間の実践研究で、子どもの体力、耐性、学力共に期待以上の変容を見ることができました。先生方、子ども達、時に保護者の皆さんにたくさんのことを学びました。実践の過程で気づいたことはその都度、生涯学習通信「風の便り」に掲載し、多くの方々からさまざまなご指摘とご提案をいただきました。それゆえ、「風の便り」もまたわが「現場」の一つであるといえます。毎月一回の発行で九年間書き続け、一〇〇号に近づきました。

筆者の教育論は戦後教育に対しても、それを支えてきた教育行政や学校に対しても厳しく批判的かつ挑戦的なものとなっています。文中、筆が走りすぎてご無礼にならないよう重々気をつけたつもりですが、それでも失礼な所が残っておりましたらどうぞご寛容にお許しください。

このような、筆者の考え方に対して学校教育の側からたくさんの批判や反発があることを承知の上で、学校につないでいただいた福岡県飯塚市の森本精造教育長、長崎県教育委員会の生涯学習課及び福岡県筑豊教育事務所の生涯学習室の先生方には感謝の気持ちでいっぱいです。

これまで少年教育について書いた『現代教育の忘れもの』（学文社、一九八七年）や『子育て支援の方法と少年教育の原点』（学文社、二〇〇七年）は、主として社会教育の側から提案した養育と教育の方法論でした。今回は初めて学校教育・家庭教育の側から研究を進めました。ようやく世に問える論理の整理ができたと実感しております。本書は、独立の論文をつないでいるため、個々の論理や事例が重複している箇所がでてきます。同じことを繰り返すことになるためらいはありましたが、その箇所こそがポイントなのだと訴えるためあえて特別の整理をしませんでした。「くどい」とお感じになりましたら、この点につきましてもどうぞご寛恕ください。

もくじ

しつけの回復、教えることの復権

――「教育公害」を予防する

I 幼少年教育の原点

1 恥知らずなスローガン

《早寝、早起き、朝ご飯》とはなんと恥知らずなスローガンでしょうか！　明らかに教育の破綻を象徴しています。「しつけの回復、教えることの復権」という書名は国を巻き込んだ、かくも恥知らずなスローガンに対する抗議の意味を含んでいます。他律によるしつけを子どもの主体性に対する「侵害」のように受け取り、教えることを「学習支援」などという曖昧な言葉に置き換えた教育施策の惨憺たる結果がこのスローガンに証明されています。戦後の教育界をリードした人々の日本の「子育て風土」の分析は明らかに不十分でした。戦後教育が取り入れた「児童中心主義」と「子育て風土」との関係の吟味も誠に不十分でした。当然の帰結として、学校は「守役」として、「半人前」を「一人前」にする使命を果たすことはできず、教育の素人である保護者の注文に振り回されています。

改正教育基本法が幼児期の教育の重要性を新設第一〇条として謳ったのは、今更のことながらも、当然のことでした。しかし、同時に、「家庭教育の自主性を尊重する」と付け加えたのは*「子宝の風土」の「風土病」というべき過保護・過干渉の宿命を理解しない関係者の蒙昧の結果であったというべきでしょう。

*改正教育基本法（家庭教育）第一〇条　父母その他の保護者は、子の教育について第一義的責任を有するものであって、生活のために必要な習慣を身に付けさせるとともに、自立心を育成し、心身の調和のとれた発達を図るよう努めるものとする。
2　国及び地方公共団体は、家庭教育の自主性を尊重しつつ、保護者に対する学習の機会及び情報の提供その他の家庭教育を支援するために必要な施策を講ずるよう努めなければならない。
（傍点は筆者）

家庭の教育力が破綻の危機に瀕しているからこそ冒頭に記したような恥知らずのスローガンが出てきたのではないでしょうか？　「モンスターペアレンツ」と呼ばれる社会現象も顕著になりました。「親権」と呼ばれる親の権利が社会のどんな掟よりも強いわが国において、なぜ、屋上屋を重ねて、しかも、《早寝、早起き、朝ご飯》のスローガンと並べて「家庭教育の自主性を尊重」するといわなければならなかったのでしょうか？

新設第一〇条に謳われた通り、「家庭」こそは、生活のために「必要な習慣を身に付けさせ」、「自立心を育成し」、「心身の調和のとれた発達を図る」最も重要な「機関」であることに異論はありません。しかし、この条文のどこに「社会の視点」はあるのでしょうか？　「生活のために必要な習慣」とは誰の生活を指しているのでしょうか？　幼少年期のあらゆる教育は廻り回って「その子」の役に立つことは明らかですが、家庭のしつけとトレーニングは当該の子どものため以上に共同生活のため、他者のためにあるのです。法律に謳ってまで家庭教育のことを言うのであれば、せめて、教育界は世の保護者に、世間の声をよく聞いて、自分の子どもたちが他者に迷惑をかけないよう共同生活のマナーと規範をしっかりと教えよ、と言うべきだったのです。

2 ヒト科の動物であることへの無自覚——原点は命令と強制

ストーブの上の煮えたぎったやかんに幼児が近づこうとしたら、誰もがあわてて止めるでしょう。やかんのふたがカタカタと持ち上がって興味を持てば、叱られたあとでも、幼児はもう一度近づこうとするかもしれません。そのときは、大声を上げて注意したり、手をつかんで引き戻したりもするでしょう。三度目になったら尻の一つも叩くでしょう。かくしてしつけや教育の原点には「命令」も「強制」も含まれているのです。人間の出発点は霊長類ヒト科の動物です。しつけの回復とはこの動物を社会の一員に育てていかねばならないということです。その時親は子どもの「社会化」の「主体」になるべきであり、その義務を自ら果たし得ないときには、しかるべき「守役」にその任務を託さなければなりません。「主体」になるとは、自ら子どものしつけを行うにせよ、しかるべき他者に「守役」をお願いするにせよ、親がしつけの「責任」を持つということです。「社会化」とは共同生活を前提とした社会の構成員たるべき知識、技術、資質を育てることを意味します。すなわち、共同生活において「他者」と気持ちよく暮らせる知識、技術、資質を身に付けてやるということです。すなわち、共同生活において大事なことは尻を叩いてでも教えるということです。

3 「教えることの復権」

「教えることの復権」とは、子どもの成長や発達における重点を子ども自身の学習から指導者による教育に移行するということです。端的にいえば、「なる」から「する」への転換です。立派な少年に「なる」から立派な少年に「する」への転換です。もちろん、発達には子ども自身が自ら「学ぶ」要素と指導者が「教え、育てる」要素の両方がありますが、「子宝の風土」の現在のしつけや教育において子どもが学んでいないことは明らかだからです。「教えること」への力点移動は、現行のしつけや教育が改善すべき最大の課題です。

換言すれば、子宝の風土の養育は基本的に「他動詞」です。先人の格言がなぜ「辛さに耐えて丈夫に育てよ」と言ったのか？　なぜ「若いときの苦労は買ってでもさせよ」と言わねばならなかったのか？　「子宝の風土」は過保護に傾き、過干渉に陥り、子どもの成長期の発達要因のバランスを崩し、さじ加減を間違えるからです。過保護・過干渉を放置すれば、幼少年期の養育の実態は「世話」も、「指示」も、「授与」も、「受容」もすべてが過剰になります。これらはすべて、子どもの養育実践を構成する大事な要因ですが、各要因が過剰に行われたとき、過剰の副作用は極めて危険です。保護はくすりに似て、適正に行われれば極めて有効ですが、過剰になればその副作用は養育も、教育も破壊します。「世話」が過剰であれば、自分のことが自分でできるようにはなりません。「指示」が過剰であれば、同じく、自分のことを自分で決められるようにはなりません。「授与」が過剰になれば、日々生かされていることへの感謝の心は育たず、ものを大切にすることも学ばないでしょう。「受容」の過剰は最悪です。「受容」論は当然子どもを第一に考えるので、多くの場合、子どもの「主体性」と子どもの「欲求」を混同します。「自主性」の名の下に、時にはわがままも勝手も受け入れるので、子どもの「欲求主義」に陥ります。現代の子どもに体力がなく、耐性が弱く、社会規範が身に付いていないのは「指導」されることなく、欲求の赴くままに、興味本位にやりたいことだけをやってきたツケが廻ってきたのです。

4 「子宝の風土」の鉄則

子どもが「学ぶ」ことより指導者が「教える」ことを重視するというのは「子宝の風土」の鉄則です。保護者にそのことを繰り返し訴え続けることも「風土」の鉄則です。当然、これからの教育の力点は子どもから教師に移さなければなりません。それは教師や指導者が教育の主体となり、教えた結果の責任をとるということを意味しています。「守役」は「一人前」にする指導の責任を負っています。それゆえ、「学習支援」などという逃げの許される曖昧な概念を排し、教育、特に学校教育は文字通り「教育＝教え育てる」という「他動詞」を中心におくべきです。それは子どもの学習を中心とせず、教師や指導者の教える中身と方法を最重要視する考え方への転換を意味します。幼少年期の発達の原点は「なる」ではなく「する」です。幼少年期の子どもが「できるようになる」のは、関係者の努力によって「できるようにする」からです。できるように「する」ためにはプログラムも、方法論も、指導者も不可欠です。現代の子どもの多くは靴の紐は結べず、タオルは絞れず、リンゴの皮は剥けず、ボールは投げられず、幅跳びの着地もできないのです。すべては「やらせなかったこと」、「教えなかったこと」の結果です。子どもは、「できるように指導する」から「できるようになる」のです。小学校の上学年ぐらいになれば、子どもは社会生活の必修事項を体得し、少しずつ自立し、自ら「なる」ための努力を会得していくのです。もちろん、思春期以降の子どもは、できるだけ本人の自主性を尊重して彼らの自主的な努力を引き出すことが望ましいことは論を俟ちません。そのためにも、幼少年期に「生きる力」の基礎を固めておくことは決定的に重要なのです。

戦後教育の問題は、子どもの体力が「落ち続けている」というような説明が多く、体力を「向上させることに失敗した」という分析から逃げてきたことです。教育のプロセスを前提にすれば、子どもの「体力を向上させ得ない」といった瞬間から、「誰」が、「なぜ」、体力を向上させることに失敗したのか？　これまで何をやってきたのか？　という疑問から逃げるわけにはいかないでしょう。指導の「主語」を問題にし、教育の主体を明らかにした瞬間から、「誰が指導してきたのか」、「どのように指導してきたのか」が問題になります。指導者中心の視点に立てば、毎日子どもに接している親や学校の責任は明らかでしょう。体力向上の責任者を前面に出せば、どう理屈をこねてみても、子どもや子どもを取り巻く環境条件のせいにはできないということです。まして恥知らずな《早寝、早起き、朝ご飯》のスローガンに象徴される現代の家庭教育の「悲惨」を前提にすれば、家庭に「一人前」のトレーニングはできなかったということです。

教師がそれを嘆いていても、学校が家庭に責任を転嫁しようとしても、法律が家庭教育の自主性を尊重すると決めたとしても、誰かが責任を引き受けないかぎり、体力の向上も、基本的生活習慣の形成もできない、ということです。

5 守役の責任

子どもの体力の低下がここまで落ち込んでくれば、教育のプロたる学校はもはや「守役」の責任を逃れることはできないのです。もとより、問題は体力に限らず、耐性も、生活習慣の形成も、社会規範の体得も、学力の向上も問題の立て方は同じです。

しつけと教育の前提は「共同生活」であり、「社会を構成する他者」の存在です。子どもの存在の「前」にすでに共同生活も、社会も、他者も存在しています。「適応すべき」は社会の方でも、他者の方でもなく、「子ども」であることは歴然としているでしょう。したがって、共同生活の「技術」と「掟」を教えることは、子どもの欲求や子どもの主張に優先します。それゆえ、幼少年期の子どもを教育の中心に置いてはいけないのです。しつけは「他者」と気持ちよく暮らすためのルールの体得であることは自明でしょう。他者に迷惑をかけないことも、他者とのコミュニケーション技術の習得も、共同生活の前提です。戦後教育は、子どもが好むと好まざるとにかかわらず、その興味・関心にかかわらず、共同生活を前提とし、他者に迷惑をかけないことを優先することに失敗したのです。しつけの原義は、和裁でいう「しつけ糸」のしつけです。「型」がずれたり、崩れたりしないように「しつけ糸」で止めてしまうということです。それが「やるべきことはやりなさい」、「ダメなことはダメ」の論理です。ここからしつけは「型」の「強制」を原点とし、「他律」を出発点とすることが明らかなはずです。

もちろん、体力や耐性は生きていくための基礎であり、学ぶことの土台です。指導者を中心とし、教えることと鍛えることを教育の中核に位置づけなければ、「生きる力」の基礎も土台も形成することはできません。

たくさんの授業を拝見して、幼少年期の教育こそ「型」に徹するべきだとあらためて確信しています。「考えること」を自ら学ばせようとする「新学力観」は、総合的学習や道徳教育においてまさに破綻しています。「考える」まねごとの授業は、実践を伴わぬ「口達者」な若者ばかりを生むことになるでしょう。先日、ある町で著名な『いもうと』という絵本をもとにした「いじめ」の朗読劇を拝見しました。主人公の些細なことばのアクセントの違いから友達のいじめが始まります。彼女は、不登校に陥った末に引き籠り、とうとう立ち直れないまま病いに冒されて死んでいく「いもうと」でした。劇は、同級生の子ども達が種々反省し、最終的に、いじめは止めようということになる話でした。観劇の途中で、筆者は、作者に対しても、劇を演出した教師に対しても、〝「教師」は何をやっていたのか〟、と叫びだしそうでした。子どもが生まれる前から「やってはならないことはやってはならない」と決まっているのです。「やるべきことはやらなければならない」と決まっているのです。それを教えるのが指導者です。子どもに答えを出させる問題ではないのです。いじめは第一義的に子どもの自覚の問題ではないのです。教師の自覚の問題です。ありもしない子どもの主体性に期待するから、いじめの加害が続いているのです。共同生活の義務と礼節を厳しく教え、自分でやらせ、自分で責任を取らせることから主体性は育つのです。『いもうと』の場合、加害者は教師が叩いてでも止めなければならない問題なのです。戦後教育はその程度のことも理解してこなかったのです。

6　幼少年期における「型」の教育

基本的生活習慣は日常行動のリズムであり、健康や集団生活の基本の型です。作法や礼節は人間関係を保つ基本の型でしょう。表現の力はコミュニケーションの型の上に形成されます。当然、日本語の基礎知識は「文型」と呼ばれる言語の型です。これらはすべて体験を通して体得すべきことがらです。それゆえ、知育の「枠」を遥かにはみ出しています。まして、現状の学校のように関連の理屈を言葉で教えて、子どもの考えを言わせるなどという方法ではまったく歯が立つはずはありません。

また、学校は「体得」に対する「知育」の無力の反省に立って、総合的学習に代表されるはやりの体験活動を導入しました。しかし、どのような実践を選ぶにせよ、定められたわずかの時間で子どもが一〜二回やってみただけではダメなのです。「体得」の原則は三つです。「やったことのないことはできない」、「教わっていなければやり方はわからない」、「練習しなければ上手にはならない」のです。現代の子どもにはどの条件も不可欠ですが、学校教育においては第一と第三の条件が致命的に欠如しているのです。「社会化」の基本を達成するために、保護者に呼びかけ、練習と反復の機会を確保するため、学校と家庭との連携が不可欠になるのはそのためです。

7 「子ども観」の転換

戦後教育の失敗の背景には「児童中心主義」の「子ども観」があります。教育において子どもを主役にすれば、子どもの言うことに耳を傾けねばなりません。カウンセリングのいう「受容」が必ず過剰になります。児童を中心に置けば、彼らの興味・関心も、欲求も無視できなくなります。時には「わがまま」も「勝手」も受け入れなければならなくなります。加えて、子どもを指導者と対等に置く法律上の人権思想を教育の現場に持ち込めば、「半人前」の指導は極めて難しくなります。指導者は子どもの意に反して指示や命令ができなくなるからです。「子宝の風土」はもともと子どもが中心の風土です。そのような風土に「児童中心主義」を導入して屋上屋を重ねてはならなかったのです。

家庭や社会教育との連携を図っても、地域のゲストティーチャーを導入しても、根本の「子ども観」を転換し、教師・指導者を中心に置き、幼少年期の「鍛錬」と「反復」の重要性を理解しないかぎり、総合的学習も生活科もたわいのない「ゴッコ遊び」に堕するのは必然です。教育の失敗は、共同生活に適応できず、他者の迷惑を顧みないたくさんの「半人前」を世の中に送り出すことになるでしょう。彼らは教育界の枠をはみ出し、世の中のあらゆるところで傍若無人に振る舞い、いさかいを起こし、非行に走り、犯罪を犯し、いつかは「教育公害」と呼ばれる存在になることでしょう。

しつけを回復し、教えることを復権しないかぎり教育公害を止めることはできないのです。

II

しつけの視点の転換
――「当人のため」より「他者のため」

1　カイザーの教訓

我家に二匹のミニチュアピンシャーの飼い犬がいます。親子です。息子の方はまったく問題がありません。それゆえ、基本的なしつけは間違っていないと思っています。困るのは父親のカイザーです。筆者とは子犬のときからの付き合いですから、寝ても、覚めても、散歩のときも、執筆のときも、大の仲好しです。言うこともよく聞きます。しかし、性格の問題でしょうか、カイザーはめったに他所の人になつきません。時には、毛を逆立てて吠えまくるので、お客様がお出でになったときはほとほと困り果てます。それでも教育学者の犬かとまで言われたことがあります。彼が訪問者に慣れて、受け入れるまでに一〇分ぐらいかかります。手を替え、品を替えて根気よくしつけをやり続けるしか方法がありません。現在の工夫は、やさしい言葉をかけたり、だっこして安心させたり、処罰したり、拘束したり、訪問者の手から好物を与えてもらったりします。そうした努力の途中で気がついたことがあります。

今回参考にした育児書や幼児教育の参考書の大部分はしつけの目的を子ども自身の成長においています。例えば、「子どもの可能性を伸ばす」*ためとか、「子どもの危機に立ち向かい、「子どもにとって最善の利益」を保障する」**ためとか、子どもが「親とともに（問題行動を）乗り越える」***ためというようにしつけの第一目的を子ども自身のためとしているものが多いのです。

*佐藤るり子『毎日が楽しくなる子育てのルール』エックスナリッジ、二〇〇五年、九頁。
**清川輝基『人間になれない子どもたち』枻出版社、二〇〇三年、「はじめに」。
***金子保『親とともに乗り越える問題行動』小学館、二〇〇二年、タイトル。

しかし、カイザーのしつけは、原理的に本人（?）のためではありません。お客様（他者）のためです。「お客様（他者）に迷惑をかけぬように」、「お客様と楽しく過ごせるように」しつけるのです。犬と子どもを一緒にすると、また、おしかりを受けるかもしれませんが、筆者が問うているのは原理の問題です。犬のしつけと子どものしつけとその目的原理に違いがあるでしょうか?! カイザーと同じく、子どものしつけも、第一義的には、「他者」のため、共同生活のために行うものではなかったでしょうか? 「他者に迷惑をかけない」ことが第一目的であれば、「やるべきこと」も、「やってはならないこと」も明確になります。目標がはっきりすれば、家庭のしつけが社会を意識することになります。子どもに甘い、いい加減な妥協は許されないはずです。しつけが廻り回って、結果的に、本人のためになり、本人の成長を助けることになることは疑いないとしても、日本の家庭教育は肝心な目的の順位を勘違いしてこなかったでしょうか？　多くの保育所や幼稚園も目的の順位を勘違いしてこなかったでしょうか？

2　社会化の意味――「個」と「全体」のバランスの失墜

しつけも教育も広く人間の「社会化」と呼ばれます。社会化は、ヒト科の動物から出発する子どもを社会人にしていく過程と考えていいでしょう。社会化という以上、その機能は当然社会の存在を前提としています。それゆえ、「社会化」は、共同生活を前提とし、当人のためよりは、むしろ、他者のために行うのです。極論を恐れずに言えば、しつけも教育も共同生活において他者に迷惑をかけないために行う予防措置の一つです。当人に引きつけていえば、社会において他者と気持ちよく暮らすために行うのです。しつけは社会に出て、他者と共同して暮らすための事前準備といっていいでしょう。

日本は、昭和前期から急速に激化した軍国主義教育のもとで戦争に突入し、圧倒的に時の政体を優先し、個人を抑圧しました。戦後の六十数年は、アメリカによる占領政策とも相俟って、そうした過去への「反動期」が続いてきたといって過言ではないでしょう。結果的に、憲法は国民主権を第一条に謳い、「人間」の復権、「個人の重視」を最も強調してきました。それが基本的人権の思想であり、人間の尊厳を謳うことだったと思います。人権教育や子どもの権利条約の締結はその具体的行動でした。

しかし、歴史の教訓は教訓として、いつの時代もどこの国でも、「個」に劣らず「全体」が重要であることはなんら変わりません。要はバランスの問題です。戦後教育はそのバランスを失墜して「個」が突出しました。「全体」を配慮することは、あたかも「全体主義」に返るかのように攻撃され、批判されることもしばしばでした。「ごねどく」から「カラスの勝手でしょう」に至るまで「個」は異常にして過剰に尊重されました。それゆえ、戦後の家庭教育においても、公教育においても、最も欠如しがちだったのは共同生活における《他者のため》という視点です。公共の場における子どもの不作法を放置・傍観する保護者の存在や社会のあり方がその象徴でしょう。多くのしつけ論が子どもの「個」から出発し、「個」を優先しているということは、社会を前提とせず、他者を前提とせず、個と全体のバランスを取ることの重要性を前提としていないということを意味しています。

その結果、子どもの問題が噴出し続けています。個々の問題について、その都度、さまざまな対策が講じられましたが、「個」と「全体」のバランスを回復できないのでほとんどの処方は成功していないのです。延々と続く審議会や教育再生会議がその証拠です。教育を再生しなければならないという認識の背景には教育は破綻に瀕しているという診断があるはずです。事実、子どもの不作法、非行、いじめ、家庭内暴力などの反社会性、不登校、引き籠りなどの非社会性はやがてくるであろう「教育公害」を予想させます。

3　個人的意味、社会的意味

しつけには個人的な意味と社会的意味があります。音楽に親しむのも、自然に親しむのもしつけの一部ですが、それは基本的に個人的な意味を追求しているのです。しかし、ルールに従い、道徳を尊重して他者に迷惑をかけないことは、社会の要請です。追求すべきことは社会的意味です。「カラスの勝手でしょう」、というわけにはいかないのです。他者に著しい迷惑をかける恐れがあるときには、しつけも教育も「注意」→「叱責」→「命令」→「強制」の順序で指導を実行せざるを得ません。幼児が「迷惑行為」、「危険な行為」を止めないときは、当然、同じような厳しい指導のプロセスをたどります。何度注意しても聞かないときは叱責し、なおも聞かないときは命令し、命令を無視したときは罰を与え、最後は危険や迷惑を防止するため、子どもを物理的に強制しなければなりません。「言って聞かせて」、「注意をして」、「叱って」、「命令して」、時に、「処罰して」、「強制する」のです。最終的には、家庭裁判所や少年院の懲罰的指導にまで行き着きます。少年法の適用基準の相次ぐ引き下げはしつけと教育の失敗の結果でもあると言えるでしょう。

しつけの崩壊は日本の教育が「他者の視点」を失ったことに始まります。幼児の保教育から義務教育まで、他者に迷惑をかけないための一連のトレーニングのプロセスを最後まで貫徹していないからです。

楽観論を排して現状を診断すれば、過保護一世が親になった世代の家庭にはもはや「教育力」はありません。「教育力」はプログラムに代表されますが、現代の多くの家庭は、しつけのプログラムも、指導の方法もなっていないのです。国の少年教育のスローガンは《早寝、早起き、朝ご飯》になりました。よくも恥知らずにこのような方針を掲げたものです。しかも、改正教育基本法にわざわざ「家庭の自主性を尊重する」という文言を入れました。立法者は、「子宝の風土」の家庭がわが子の鍛錬にいかに無力で無能であるかをわかっていないからです。

現代の家庭が総じて子どものしつけに甘いのは、「子宝」の保護に傾く「風土」の特性です。保護者がしつけを最後まで貫徹できないのは、「子宝」のかわいさに勝てないからです。また、しつけの成果が「人様」のためだと考えずに、わが子のためだと思っているからです。教育関係者はなぜ「子宝の風土」が第三者の「守役」や「ご養育係」を重視し、「子やらい」の伝統を守ってきたかを忘れたのでしょう。子宝の風土のしつけや鍛錬は親元を離し、第三者の「守役」が厳しく担当すべきなのです。一週間やそこらの通学合宿ではまったく不十分であり、上げ膳据え膳の合宿やキャンプならやらない方がましなのです。「子宝の風土」には、「守役」の意味の再確認が不可欠です。その点で教育行政は誠に不勉強でした。家庭の教育がすでに機能しないのであれば、教育機関こそが家庭に代わって共同生活の基本を教えるべきだったのです。それが「守役」の任務です。そして現代の「守役」こそ保育所であり、幼稚園であり、学校であり、地域においては子ども会や各種の少年団体だったのです。

今や現代の「守役」はほとんど機能しなくなりつつあります。保育所から学校まで、子ども会から少年自然の家まで、現代の「守役」は児童中心主義を信奉し、法律上の人権主義を教育現場に持ち込み、子どもの権利条約に振り回され、「半人前」を「お子様」にしてしまったのです。私的な権利意識と欲求が突出した保護者は、結果的に、わが子を「半人前」と認識する代わりに、「子宝の風土」の「お子様」と認知し、自らの家庭教育の責任と失敗を棚に上げて、多かれ少なかれ「モンスターペアレンツ」の様相を帯びてきたのです。全体とのバランスを顧みることなく、「個」の権利を優先した戦後社会は「モンスターペアレンツ」の跋扈に手を貸していることは言うまでもありません。

今や保育所も学校も、わがまま勝手な親の要求に右往左往し、しつけのなって

■守　役■

社会が「一人前」を育てようとするとき、保護者は第三者にその任務を委託する。委託を受けるものは、「ご養育係」といい、「うば・めのと」という。分業化すれば、「ご進講係」であり、「ご指南番」となる。庶民の間では「子やらい」、あるいは「ひとなし」の慣習があり、子どもを親から離して「子ども宿」や「若衆宿」で自立のトレーニングが行われた。このとき、人々の信頼と委託を得て、指導にあたったものが総称して「もりやく」と呼ばれる。守役は社会の基準を示して子どもを一人前に導く。それゆえ、寺子屋も、藩校も、子ども宿も、守役の組織化であり、近代学校の出発点も守役の任務を負っていたことは当然である。現代の学校の致命的欠陥は、子どもの側にだけ立って、社会の側に立たず、「一人前」の基準を示さず、「もりやく」としての義務と責任を果たしていないことである。

いない子どもに振り回される教師受難の時代が来たことを痛感していることでしょう。すべてはしつけと教育の社会的意味を忘れたところから始まっているのです。

しつけは結果的にはその子のためになるのですが、出発点の原理においては、「他者への迷惑行為」の禁止であり、他者との共同生活を円滑に運ぶための条件なのです。

戦後日本の個人や家庭が、世間や全体に振り回されることを止めて、それぞれ個別の人生基準を持ったことはたいへん良いことでした。しかしながら、「社会」は「個」の存在に先行しています。時代は変わりましたが、共同生活の原理も、人間は共同生活の中ではじめて「個人」になるという事実も変わってはいません。社会を前提にしなければ「個」は成立するはずがないのです。

家族がどのような基準を持とうとも、社会生活を続ける以上、個人より共同生活が優先することは必然です。道徳や法律の存在はその証明です。しつけの崩壊はしつけが共同生活を成り立たせるためであるという原点を忘れたところから起こりました。個人の生活が共同生活に発し、共同生活が個人生活に優先するということが十分にわかっていないのです。「個」を社会に優先させる傾向こそがしつけの崩壊、規範教育の混乱の原因です。個人を重視する考え方が行き過ぎたということはその前提となる共同生活の意義を軽んじているということです。日本の家庭教育も、ひいては保育所や幼稚園の教育も、学校教育も、「子ども第一主義」に立った瞬間から、肝心なしつけの意義と目的を勘違いしていたのではないでしょうか?

Ⅲ 「過保護二世」

1 「四つの過剰」と「欠損体験」の発生

「過保護二世」の概念は第二回山口県「人づくり・地域づくりフォーラム」で福岡県飯塚市の森本精造教育長が提起した言葉です。

昭和五〇年代の後半、森本氏や筆者が若かった頃、福岡県教育委員会社会教育課と福岡教育大学社会教育研究室が共同し、福岡県ＰＴＡ連合会の協力を得て、県内約八千人の保護者の「養育行動」を一週間にわたって調査したことがありました。調査結果は明らかに養育の全分野に及ぶ過保護の実態を浮かび上がらせました。

分析を担当した筆者は、養育における「四つの過剰」として総括し、結論をまとめました。分析の方法は「保護」を四つの構成要因に分解し、養育の実態と保護者の関わりを具体的に点検しました。

「四つの過剰」とは、すなわち「世話」の過剰、「指示」の過剰、「授与」の過剰、「受容」の過剰です。「四つの過剰」が保護者の養育行動によって、子どもの日常生活で繰り返されれば、当然、子どもの体験は「保護の過剰」によって大きく制約されることになります。結果的にさまざまな分野で子どもの実体験が不足します。筆者はこのことを別に行った青少年キャンプ・野外教育の研究結果と合わせて[*]「欠損体験」の発生と呼んでいます。その時代から約三〇年が過ぎました。

＊三浦清一郎編著『現代教育の忘れもの』学文社、一九八七年。

今や、多くの子どもは日常生活における「自分のこと」を自分でできません。「自分のこと」を自分で決められません。当然、

■欠損体験■

子どもの成長にはさまざまな体験が不可欠である。発達過程における体験の欠損は子どもの「体得」の貧しさに直結している。責任感も、協力の態度も、危険の回避も、その他の重要な社会規範も子どもは自らの実体験を通して体得するものだからである。それゆえ、自然を知らずに育った子ども、異年齢の集団の中で暮らしたことのない子ども、家庭や地域社会の役割を果たしたことのない子ども、挑戦や失敗や挫折を味わったことのない子どもはそれぞれに自然接触体験が欠損し、縦集団体験が欠損し、社会参加体験が欠損し、困難体験が欠損する。これらの体験が乏しい分だけ彼らの「一人前」の資質も貧しくなる。豊かな社会で過保護に育てられた子どもはとりわけ上記の諸体験を欠損しがちである。欠損体験の教育的補完は現代教育の最重要課題である。

結果責任も取れません。モノには不自由しなくなりましたが、「感謝の心を忘れ」、「わがままで、欲求の自己抑制ができません」。心理学者や学校の児童中心主義論者が首唱してきた「受容」の過剰は、「子どもの人権」や「子どもの権利」論と結びついて、自己中心的で、ルールに従わない多くの子どもを生み出し始めています。

筆者は、分析にあたって、数年後には、社会規範に従わず、自立できない子どもが氾濫するであろうことを予告しました。森本氏によれば、その子どもたちが「過保護一世」の世代だというのです。したがって、「二世」を育てた親は「過保護原世代」とでも呼ぶべきでしょうか。

2　体力と耐性の貧困化

四つの過剰を満身に浴びた「過保護一世」は、不幸にも彼らの成長期の「欠損体験」を教育的に補完されることなく、今や親になったのです。「過保護一世」の親は、当然、「過保護原世代」に輪をかけて「四つの過剰」を養育に取り入れたであろうことは想像に難くないでしょう。かくして、「過保護一世」の子どもたち――すなわち、現代の「過保護二世」は、親の世代に比べてさらに軟弱で、わがままで、自立していないのです。「四つの過剰」はとどまるところなく、日本社会に蔓延しました。「子どもの目線のところで指導しなさい」という指導論や「子どもの声を聞け」という「養育論」・「子ども観」は、学校教育が金科玉条とした児童中心主義と相俟って世論を形成し、教育界を席巻しました。今や、子どもの主体性・自主性が最も重要視され、子どもの意志に反してしつけや教育を論じることは、「人権の侵害」や「虐待」にあたるという雰囲気を醸成しました。もはや、誰も子どもに命令し、強制し、子どもの意向を無視することは許されないかのような社会になりました。子どもの欲求や意志が一人歩きを始めたということです。将来間違いなく子どもに必要となる事柄でも、辛いことや、きついことや、興味の湧かないことは、「やだ」、「きつい」、「おもしろくない」、「やらない」と言えば、子どもの意志が通るようになりました。子どもの欲求を放置すれば、しつけと教育は崩壊せざるを得ないのです。

結果的に、人生を生きていく大切な事項についても、多くの子どもは「やったことのないこと」が多く、「教わったことのないこと」が多く、「反復練習の機会」は少ないのです。子どもの日常を観察した報告書が「靴の紐が結べない」、「タオルが絞れない」、「リンゴの皮が剥けない」などの具体的な技能から、「仲間と協力できない」、「コミュニケーションが取れない」、「ルールが守れない」など社会生活の根幹にかかわる資質・能力の不足まで、「半人前」が「一人前」になれない状況を指摘しています。

現代っ子の学習の不足、体験の欠損は生活の全領域にわたり、自立のレベルは極めて低いのです。なによりも体力と耐性が貧弱なのです。「生きる力」のスローガンはスローガン倒れに終わり、今や《早寝、早起き、朝ご飯》のスローガンに取って代わられました。なんとも情けないではないですか！　質実剛健、自立自彊、独立独歩、実践躬行などかつての「校訓」にまで戻れとは言いませんが、せめて「朝礼」で立っているぐらいの体力や我慢強さは必要ではないでしょうか？　「生きる力」の構成要因とその形成の順序と優先順位は最終項で論じました。

このように戦後教育は、幼少年期の段階から「生きる力」を形成する方法に失敗しているのです。結果的に、「体力」も「耐性」も極めて不十分であることは明らかです。世間もようやくボール一つ投げられない子どもの運動能力の実態に驚き、「行動耐性」・「欲求不満耐性」の欠如に注目するところとなりました。

育児と教育の失敗は明らかです。しつけの不在も教育の貧困も社会

■耐　性■

一般的に「我慢強さ」のことをいう。耐性には、アルコール耐性とか、薬理耐性のような特別な使用法もあるが、子どもの発達に関わるものは「行動耐性」と「欲求不満耐性」である。行動耐性とは体力を基本とした身体的適応力や慣れを意味する。はじめは辛かったり、難しかったりすることでも、身体の慣れや適応力がついて、できるようになった場合「行動耐性」が向上したという。他方、「欲求不満耐性」の方は、心理的・精神的適応力を意味する。私たちが種々の障碍、妨害、困難により、欲求の実現が阻まれることがある。そのときの緊張や不満が欲求不満である。緊張と不満の苦痛に耐えて、状況を判断し、適切な現実処理ができる能力を「欲求不満耐性」と呼ぶ。この能力が乏しいと状況の苦痛に耐えられず、感情的、防衛的に不適切な反応を起こしやすい。「キレる」というのがそれである。この能力を高めるためには、発達の各段階において、適度の挑戦、緊張、失敗、挫折など「欲求不満」を伴う体験を通っておくことが必要である。

の病理を深刻化し、〝教育公害〟の発生を助長するであろうことは疑いありません。「過保護二世」の概念は問題の核心を抉りだし、問題発生の原因を直撃しています。「過保護二世」への処方は、養育においても、教育においても、「四つの過剰」を減らすところから始めなければならないのです。

IV 幼少年教育の錯覚

1 「大きくなればできるようになる」か?!

日本人の幼少年期の子育ての錯覚の第一は、子どもは成長とともにいろいろなことが「できるようになる」と楽観していることです。確かに、子どもが環境の中から他者を模倣して自得していくこともあります。「模倣」あるいは「モデリング」と呼ばれる学習の仕組みです。また、教育プログラムや指導のシステムを経由しなくても、本人の体験を通して学んでいくこともあります。試行錯誤《しこうさくご》と呼ばれる体得の仕組みです。

しかし、生育環境も、行動モデルも、試行錯誤の機会も、その大部分は保護者が子どもの健やかな成長を願って準備するのです。環境は親が子どもに送る「最良の贈り物」といわれるゆえんです。子どもが自ら学ぶような環境を整えることが養育の基本であり、子育ての工夫のポイントです。幼少年期の子どもには環境をつくる力も、選ぶ判断力も備わってはいません。モデルを探す時間も、能力もありません。まして、偶発的な試行錯誤に頼って大事な「生きる力」を体得できることは極めて稀なことです。

要するに、子どもの発達条件は子ども自身が準備することは極めて難しく、その大部分は保護者が準備するのです。このように考えれば、発達支援の核心は、子どもが「できるようになる」ではなくて、「できるようにする」、ということになるでしょう。育児の核心は、その子に関わる多くの人々が「環境整備」と「教授」と「訓練」を組み合わせた指導を通して一人前に「する」ということなのです。本論では、教授と訓練を合わせて「指導」と呼び、教授と訓練の「内容」と「方法」を合わせて「指導プログラム」と呼ぶことにします。

それゆえ、自分を支援し、指導してくれる人々に恵まれなかった子どもは、当然、社会的資質の獲得に失敗して、発達が損なわれる危険性が大きいのです。子どもの成長環境にしつけや教育のプログラムがまったく存在しない場合には、「ヒト」は人間にはなれないのです。「オオカミに育てられた子」（アーノルド・ゲゼル）をはじめ、社会学上の事実として、「人間になれなかった」不幸な子どもは決して少なくないのです。適切な社会化の過程を経なければ、ヒト科の動物が人間になるのは極めて難しいのです。『しつけが九割』* という本がありました。なぜ九割なのか、数字が正確であるか、否かは筆者には断定できませんが、人間の基本の大部分はしつけに負っているという趣旨はその通りだと思います。また、『人間になれない子どもたち』** という参考書を読みました。取り上げられた子ども達が現代社会に生きている以上、正確には「人間にすることに失敗した子どもたち」というべきでしょう。

＊斉藤茂太『しつけが九割』ビジネス社、二〇〇六年。
＊＊清川輝基『人間になれない子どもたち』枻出版社、二〇〇三年。

もちろん、「できるようにする」ためには指導の「中身」と「方法」――すなわちプログラムが不可欠です。指導者も不可欠です。プログラムが適切であるか、指導過程が有効であるか、の点検も不可欠です。それゆえ、子どもが保育所や幼稚園や学校に行くようになっただけで「できるようになる」か「否」か、は断定できないのです。保育所に行っても、学校に行っても、指導プログラムが適切でなければ一人前の資質の獲得に失敗するのです。事実、現在、指導プログラムが適切でないために幼少年問題は噴出しています。「小一プロブレム」も、「授業崩壊」や「学級崩壊」もその一例です。「体力・耐性の低下」も、とどまらない「いじめ」も、最も広義の意味で指導プログラムの失敗の結果なのです。

多くの人々が教育は最大の課題であると考え、政府が教育を「再生しなければならない」、と判断している理由がそこにあります。家庭でも、学校でも、地域でも、適切な指導プログラムがあったか、否かが問われるのです。

そうした問題意識に立てば、厚生労働省が「学童保育」で子どもを預かっても、文部科学省が「子どもの居場所」をつくっても、それだけで、子どもが健全に成長すると仮定することは大いに危険なのです。

「学童保育」が安全と健康の保育をやっていれば子どもに「生きる力」が育つという楽観は禁物です。子どもが「遊び場広場」に行っていれば、社会性が育つと早合点するのも禁物です。「生きる力」を育てるためには、適切な指導プログラムと指導者が必要なのです。

したがって、「しつけを回復する」とは、家庭や幼児教育施設に適切な指導プログラムを回復するという意味です。「教えることを復権する」ということは、明確な意志と目標のもとに、教育環境を整え、適切な指導プログラムを実施するということです。適切な「指導プログラム」とは生きていく上で不可欠な「体力」を培い、「耐性」を養い、「学力」を身に付け、「社会性」を体得し、思いやりや優しさに満ちた感受性を発達させる「教授と訓練」のことです。そしてこれらの必要課題を「実施する」とは、子どもに「体験させること」、「教えること」そして「反復練習をさせること」です。このような指導の努力が欠けたとき、あるいは適切でなかったとき、子どもは生きる知恵を学ばず、「生きる力」を体得することは難しいのです。

教育改革の議論が錯綜しているのは、家庭や学校などしつけや教育の第一責任者がその任務の遂行に失敗しただけでなく、失敗の原因や対処法の分析が錯綜しているからです。体力から学力まで、社会性から思いやりの態度まで、現代の子どもはきちんと身に付けていません。「小一プロブレム」にしても、「学級崩壊」にしても明らかに幼少年教育の失敗です。教育の失敗は、一人前が育っていないということを意味します。主な原因は、「子ども観」の偏りであり、「しつけること」と「教えること」への偏見であり、あるいは指導プログラムの編成の失敗であり、プログラムをシステム化することの失敗です。教育を再生しなければならない理由がそこにあるのです。

2 「言って聞かせればわかる」か?!

錯覚の第二は多くの人々が子どもは「言えばわかる」と思っていることです。しかし、子どもは言葉による指導だけではわからないことが多いのです。〝なんど言ったらわかるの！〟という叱り方はその典型です。幼少年期の子どもは多くの場合、言葉でいうだけの指導ではわかりません。特に、幼児期は、言葉の意味を十分にわからないこともあれば、わかったことをすぐに忘れてしまうこともあります。己をコントロールする意志力もまだ十分には育っていません。言葉だけでは通じないのが幼少年期だと思うしかないのです。それゆえ、くどいお説教は禁物です。年がら年中怒ったり、嘆いたりするのは最悪です。嘆き節を幾ら子どもに浴びせても、慣れっこになるか、うっとうしくなって反抗するようになるのが落ちでしょう。言葉だけに頼って指導しても態度や行為を改善する効果は少ないのです。「やったことのないことはできない」のです。

戦後教育は、子どもの人権や自主性・主体性を過剰に重視し、子どもの理性を〝信仰して〟「言って聞かせる」指導に終始してきました。結果はどうだったでしょうか？　家庭教育も学校教育も「口」で指導ができると錯覚してきたのです。結果的に、指導に従わず、手に余る子ども達に対して、年が年中注意をし、年が年中文句を言っていることになるのです。しかし、体力から思いやりの態度まで戦後教育は今や惨めな失敗に直面しています。言語に依存した子育てや幼少年教育の最大の弱点は、理屈が先行して生きた知識・技能が身に付かないことです。口先の指導には指導力がなく、強制力がありません。具体的、体験的に、権威を持って指導することの重要性を忘れているからです。恐い先生や厳しい先生に反応する子どもは言葉に反応しているのではありません。先生の権威や緊張した空気に反応しているのです。恐さや厳しさを伴って提示されるモデル行為に反応しているのです。いくら注意しても、小言や叱責を重ねても一向に言うことを聞かない子どもでも、恐くて厳しい先生が具体的にモデルを提示して、教えてくださったときは、別人のように見事にやってのけます。昨今の教育指導は「説明」が多すぎて、「実践」と「強制」が少なすぎるのです。

指導者がモデルを示すとはやってみせることであり、子どもにやらせてみることです。学力指導でもしつけでも同じです。自分でやってみることは子どもの心身の全感覚を通して認識されます。「体験」や「体得」が重要なのは、子どもが五感を総動員して、全身全霊で学ぶということです。もちろん、幼児期の子どもにとっては、初めての「実践」ですから、結果がうまく行かない場合も多いでしょう。そのときはすかさず褒めて、応援します。しかし、ようやく「実践」に漕ぎ着けたわけですから上手にできることは稀でしょう。それゆえ、「よくできました」と言うのは、結果的に嘘を言うことになります。嘘を言わずに褒めるため、「豊津寺子屋*」では、「すじがいい」とか「見所がある」とか、「君だったら上手にできるようになる」とか、将来への期待を込めて褒める約束をしています。

＊「豊津寺子屋」は、福岡県みやこ町に二〇〇四年に創設された「保教育」のシステムです。男女共同参画の基本条件を整えるため、「子育て支援」と「女性支援」を同時に達成するため、住民が組織・指導する実行委員会が役場の事務局と協働して、年間約二二〇日実施する「教育プログラムのある学童保育」です。

子どもが当面する課題を本気で身に付けさせたいのであれば、子ども自身に「させてみる」しか方法がありません。選択を許さない厳しい雰囲気の中で、必ず具体的なやり方とモデルを示して、結果が悪くても励ましの褒めことばをかけることです。できるようになれば、子どもは「機能快」を実感します。「機能快」とは子どもの中に湧き上がる「できた!!」という喜びです。指導プロセスにおける「他律」の要素に反発して、時に、教育界は「させられ体験」などと批判しますが、幼少年期の教育は他律を通して自律を導き、他律を通して「できなかった課題」を克服していくのです。「強制」と「実践」の組み合わせとは「機能快」に至る指導の過程の基本です。この過程を反復していけば、子どもの行動様式が習慣化し、子どもは立居振舞を「体得」していくのです。

V しつけの回復、教えることの復権

1 子育ての風土は「子どもは宝」が前提

子どもが「宝」であれば、子どもが一番大事で、一番中心に位置づけられます。家族は全力で「宝」を守り、「宝」に奉仕します。子どもの「主体性」や「自主性」は「風土」自体が保証しているのです。「子宝の風土」では「泣く子」には勝てないというのがなによりの証拠でしょう。

子どもに奉仕することを最重要視すれば、結果的に「子宝の風土」の養育は「過保護・過干渉」の傾向に陥らざるを得ないのです。それゆえ、「子宝の風土」は、子どもを護ることは満点でも、家族が子どもを鍛えることは難しいのです。「子宝の風土」が過剰な保護を抑制する機能を失ったとき、風土病とでもいうべき「欠損体験」が発生し、なかんずく鍛練が欠落することは避けられません。

そうなれば、日本の家庭はとうてい「一人前」を育て上げることはできなくなります。伝統的な日本の子育て論は、過保護を抑制するため、大事な「宝」には「旅をさせよ」と言い、「他人の飯」を食わせよと言ってきました。幼少年は成長の各時期に、「守役」に預け、「世間の風にあてよ」、「辛さに耐えて丈夫に育てよ」と言ってきました。「旅をさせよ」にせよ、「他人のメシを食わせよ」にせよ、「親元から離せ」、という思想こそが過保護の抑制機能であったのです。

子育てには「三分の寒さ、三分の飢えこそ肝要」とは、貝原益軒の卓見です。子どもに「負荷」を与えよという益軒の名言は、もちろん「虐待のススメ」ではありません。過保護に走る「子宝の風土」への「さじ加減のススメ」です。「三分の寒さ、三分の飢え」を通らなければ、「子宝の風土」の「耐性」は育たないことを知っていたからです。

戦後教育は「子宝の風土」に欧米流の「児童中心主義」を重ねてしまいました。子どもが宝で、児童が中心でなければならないとすれば、「子ども」だけが出てきて、「社会」はどこかへ行ってしまうのです。「社会」を見失った現代の子育てから、「耐性」が欠落し、「社会性」が育っていないのは当然の結果だったのです。児童中心主義を導入したのは占領政策の結果ですが、その思想を信奉したのは戦後の学校であり、教育行政でした。かくして子育てや教育における「過保護」はますますその度合いを増し、「一人前」を目指した修養や鍛練はますます軽視されることになりました。現在の「小一プロブレム」は起こるべくして起こったのです。学校に入学した後でさえも、「児童」や「生徒」になれない子どもたちが教室を占領し、やがて、規範を身に付けていない若者が世間に溢れることになっていきます。そうした子どもたちは「教育公害」の走りとして、すでに社会に蔓延する気配を見せ始めています。授業や学級の崩壊も、非行も、いじめも、不登校も、引き籠りも、ニートも、フリーターも発現の形態はそれぞれ別々ですが、教育公害の予兆です。

以下の小論は当然、「子宝の風土」を前提に論じています。換言すれば、「子どもが一番大事」、「子どもが中心」であるという「子ども観」を前提にしています。子どもは「宝」であるとする感情と思想が支配的だからこそ、教育は、地域においても、学校においても「指導者」を中心にしなければならないのです。卒業式に「仰げば尊し」を歌わせたのは明治以降の学校教育の重要な智恵でした。教育方法は社会生活の「型」を厳しく反復し、「半人前」のわがままや勝手に振り回されてはならない、としました。主たる担当者は「守役」と呼ばれ、多くの親の尊敬を集めたのです。それでようやく風土病の「過保護」とのバランスが取れるのです。

2 「欲望の野放し」を「価値の多様化」と呼ぶな!

近年の教育の失敗は、子どもの「欲望の野放し」を保護者や社会一般の生活における「価値の多様化」と混同したことに起因しています。とりわけ幼少年教育の失敗は、いまだ未熟な子どもの「自我」と「欲求」を「社会規範」のしつけで抑制しなかったことです。時には、子どもの欲求と「子どもの主体性」を同一視しました。

社会のコントロールが及ぶと及ばないとにかかわらず、幼少年期の子どもは生物学上の欲求のかたまりです。食いたいものを食いたいと言い、やりたいことをやりたいと言います。もちろん、その逆もあるでしょう。食いたくないものは食いたくないとだだをこね、やりたくないことはやりたくない、と泣き叫んだりします。子どもの自我を放置することは、フロイド心理学のいう「快楽原則」の支配のままに、子どもの「欲望」を「野放し」にすることです。戦後教育では、家庭も、教育界も、社会化されていない子どもの「欲求」を「子どもの興味・関心」と置き換えてはこなかったでしょうか？子どもの「欲望の表現」を子どもの「主体性や自主性」の発現と取り違えてこなかったでしょうか？

社会規範や日常生活のルールのしつけを、子どもの「主体性を縛るもの」と考えて否定すれば、その瞬間から子どもの「快楽原則」に則った行動は制御できなくなります。子どもの欲望は野放しになり、子どもはやりたい放題になります。「好き・嫌い」だけで動く子どもを制御できなければ、礼儀は崩壊し、作法は壊滅します。礼儀作法がすたれれば、やがて集団や個人の約束は成立せず、社会的資源の配分の秩序に混乱が生じることは必然です。霊長類ヒト科の動物もまたジャングルの獣と同じになるということです。

共同生活に秩序を取り戻すためには、ルールを強制し、子どもに「超自我―社会規範」を内面化しなければなりません。それがしつけであり、保護者や指導者を通して学ぶ現実原則です。言い換えれば、共同生活における規範や日常生活のルールです。

いささか単純に過ぎることを承知で言えば、「自我*」は子どもという車のアクセルとハンドルの一部であり、「超自我**」はハンドルとブレーキの役目を果たします。両者のバランスが崩れれば車は方向も速度も定まらなくなります。それゆえ、社会規範を教えて、子どもの自我を抑制しながら、子どもの行為の「方向」と「中身」を指示していくのです。しかも、社会生活上の重要な規範は子どもの生まれる前からすでに決まっています。それゆえ、規範の中身について、幼少年期の子どもに相談したり、子どもの意見を聞く必要など毛頭ないのです。幼少年期のことですから、たくさんのルールは不要です。誰もが同意できる主要なものはおそらく以下のようなものでしょう。「親や指導者には敬意を払いなさい」、「他人のものは黙って取ってはなりません」、「弱いものは助けてあげなさい。いじめてはなりません」、「自分のことは自分でやりなさい」、「多少の辛いことがあっても、与えられた責任と役割は果たしなさい」。

＊「自我」とは、フロイドのいう性欲エネルギー源である「イド」から分離して発生したもので、他者と自分を区別する意識であり、行動原理は本人にとっての快・不快を基準（快楽原則）とする。

＊＊「超自我」は父母を代表とする社会的現実の「掟」であり、「快楽原則」だけで生きようとする「自我」に社会生活上の現実原則への適応を強要する。

これらの教えは共同生活から導き出され、社会が受け継いできた人生の基本ルールです。それゆえ、これらの考え方（「価値」）が子どもに教えられていなければ、家庭内暴力も、対教師暴力も、万引きも、いじめも、不作法も無責任も当然の結果であるといわなければなりません。

3 「強制」は「非教育的」か？

昨今の教育観は「他律」や「強制」を真っ向から否定しています。「強制」は子どもの「主体性」と対立し、「自主性」を否定することになるからというのです。「強制」が「非教育的」であるという見方は、学校教育を中心に幼児の保育や教育において信仰に近いものがあります。しかし、本当に「強制」はすべて「非教育的」でしょうか!? 一度、子どもに「強制」せざるを得ない状況を思い浮べて考えてみれば答えは自ずと明らかでしょう。

第一は「危険を回避」しなければならない場合です。無知かつ未経験な子どもが危険な状況に近づこうとすれば、親ならずとも必死で止めようとするでしょう。子どもの危険を避けるためには、時に、物理的な強制力をもってでも阻止しなければならないのです。「手を摑む」のも、「尻を叩く」のも、「大声で叱る」のも当然教育の一環です。

第二は「他者への迷惑を回避する」場合です。周りの人への危険や不快を回避するためにも、聞き分けのない子どもには強制以外の手段はないでしょう。大人の世界でも法律上の禁止や道徳上の不文律の多くは強制を意味しています。言葉を飾らずにいえば、「強制」とは「力づく」を意味するのです。「強制」の裏づけは、道徳的非難を受けるときの「羞恥心」や法律上の「罰則」によって処罰されるときの「恐怖」にほかなりません。いまだ発達途上にある幼少年期の子どもは、無知で未熟のゆえに、罪を犯しても法や道徳上の罪を問わないことにしているだけです。

多くの児童中心主義の論者が幼少年に対する「強制」は非民主的で、非教育的だと言いますが、時と場合を考えなければなりません。幼少年期の教育において、すべての「強制」を否定する一般論は極めて危険なのです。「強制」がマイナスに働くのは、子どもが一定の年齢に達した以後のことです。自我が成熟し、経験や知識を積み子ども自身の判断力が基本的に身に付いた後はできるだけ「強制」はしない方がいいでしょう。思春期は自我が成熟し、人生への挑戦が始まる時です。自意識や誇りにかけてさまざまな「試行錯誤」が始まる時期でもあります。中学生や高校生を規則や監督によって強制し、その行動を縛らざるを得ないのは、もとはといえば幼少年期のしつけが不十分であることに帰着するわけで、誠に愚かなことだと思います。

幼少年期のしつけや教育の原点には「強制」が付きものであることが念頭になかったのではないでしょうか？　「型」にはめるのも、「しつけ」の糸で止めるのも、時に、物理的に「力づく」で抑制するのも、「三つ子」の将来のために、体力・耐性のような生きる力の基礎・基本を養い、「危険回避の判断」を教え、「共同生活の条件」を整えるためです。幼い子どもの尻を叩いてでも火や熱湯にひとりで近づけないのは彼らが無知で、未熟でその危険を回避できないかもしれないからです。危険な道路で必ず手をつなぐのも、海水浴で赤い旗の向こうには絶対に行ってはならないと叱るのも危険の回避に強制的教育が最も有効で重要な対処法だからです。幼少年教育には必ず正当な「強制」が含まれていることを理解しなければならないのです。友達に向かって固いものを投げたり、棒で叩いたりした場合にはときに大怪我を引き起こすかもしれません。そのときは間髪を入れずに、強制的にでもその子どもの行動を止めなければなりません。取り返しのつかぬ事故につながりかねないからです。その子は、動物の調教における「刷り込み」のように、「羞恥」と「恐怖」と「罰則」によって二度と同じ過ちを繰り返さないように「条件づけ」をしなければならないのです。棒や石を使って他の子どもに対し加害を加えることは、共同生活の安全に対する重大なルール違反ですから「尻を叩く」くらいの「体罰」は瞬間的に不可欠なのです。

現代の幼稚園や保育所や愚かな保護者が「相手の子どもも痛いのだから……よく考えなさい」、とか、「固いものがあたったら怪我をするでしょう」などと悠長に「教育的説諭」に終始する姿を見受けることがありますが、そんな暇はないのです。

人間は九九パーセントの他の生物と同じように「個体」で存在しています。「個体」は他者の痛みは実感できないのです。人間の肉体が分離している以上、原則として他者の痛みを分け持つことはできないのです。

まして、相手の身になって考えることは極めて高度な共感能力を必要とします。それゆえ、通常、子どもにできるようなことではありません。いじめが止まらないのも、差別が続くのも、暴力が止まらないのも、基本的に、相手の痛みを自分の痛みとして感じることができないからです。共感能力のない子どもには禁止命令と命令違反のときの罰則を思い知らせておかなければならないのです。いじめにしても非行にしても、しつけや教育を通して「やったらただではすませない」という社会のメッセージが現代の子どもには伝わっていないのです。

常連のいじめっ子は相手のことなど屁とも思っていないでしょう。まして、説諭の言葉などが耳に入るわけはないのです。だからこそ日本人の常識は、「他者《ヒト》の痛いのなら三年でも辛抱できる」と言ってきたのです。

要するに、子どもは相手の痛みがわからないから、石を投げたり、棒で叩いたり、いじめを続けたりするのです。

過日、どこかのスーパーでエスカレーターに首をはさまれて重体になった子どもがいました。しつけや教育における「強制」が正常に働いていれば、事故は回避できたはずです。「よい子の皆さんはエスカレーターの近辺で遊ばないようにしましょう」という程度のメッセージで悪ガキの行動が抑制できるなどと思う「子ども観」が間違っていたのです。浅薄な子どもの「主体性」論や「人権」論に振り回された教育論は「強制」を「非教育的」とみなしがちですが、断じてそうではありません。将来、社会人となって、他人の中で気持ちよく共同生活をさせたいと思うのであれば、幼少年期の教育は「危険回避」と「迷惑防止」の「強制」から始まるといっても過言ではないのです。

今や、「しつけ」は大事です、と言っただけでは意味が通じない時代になりました。「過保護」はいけません、と言っても過保護にしている人々は自分が過保護であるとは思っていないのです。それゆえ、幼少年期の指導はもっと具体的に言わなければなりません。訳なく他所の子を叩いたら、即座に叩いたその子の手を叩くのです。「お前が訳もなくこのように叩かれたらどう思うか！」と厳しく叱るのです。子ども自身に叩かれることの痛さと屈辱を思い知らせなければなりません。親を侮辱したら容赦なくその子の尻を叩き、「そういう口を二度ときいてはならぬ！」と厳重に叱るべきです。謹慎させて、夕食の一度ぐらい抜いてもいいのです。危険の制止を無視したときは、手でも足でも尻でも容赦なく叩き、大声で「二度とするな！二度と触るな！二度と近づくな！」と本気で怒鳴るのです。人間になり切っていない「ヒト科の動物」には、親や指導者の心配と怒りの真剣さが身体に染み込まなければ抑止の効果はありません。

4 「なる」から「する」へ――甘い日本語発想

日本語の教育発想はいかにも甘いのです。われわれは〝いい娘になった〟と言います。〝立派な跡継ぎになった〟とも言います。あたかも山の木々が自然に〝大きくなった〟かのように言うのです。ほとんどの人間の子どもは、実際には、多くの人の手が加わって「いい娘」に「した」のであり、「立派な跡継ぎ」に「した」のです。青年や成人はいざ知らず、幼少年教育の本質は「なる」ではなく、「する」です。幼少年教育は基本的に「他動詞」で語らなければならないのです。

「学力保障」の考え方も原理は同じです。「学力」が「つく」のではありません。大部分は先生が「学力」を「つける」のです。学力をつけるためには「集中」と「持続」が不可欠です。繰り返して論じたように、「集中」と「持続」の大元は体力と耐性です。それゆえ、体力と耐性を欠落すれば学力は育たないのです。したがって、「学力」を「つける」ためには、「体力」も「耐性」も育てなければならないのです。両者を欠けば、あらゆるトレーニングが成り立ちません。体力がなければ身体的努力の持続は困難を極め、耐性がなければ心理的・精神的に踏ん張りはききません。それゆえ、学力向上のための耐性とは「集中」と「抑制」の能力と同じ意味です。

体力も耐性も「つく」のではなく「つける」のです。育児も教育も他律の手が加わった「他動詞」であることを理解すれば、子どもは基本的に「育つ」のではなく、「育てる」のであることが了解できるでしょう。幼少年教育の目的は、社会生活に必要な諸々の知識／技術を「理解させ」・「体得させる」のです。子どもの発達が別名「社会化」と呼ばれるのも同じ理由からです。「教育」は確かに「教える」部分と、子ども自身の努力と修養によって「育つ」部分を含んでいます。しかし、子どもが本格的に自分自身を育て始めるのは幼少年期の基本的トレーニングを終えて「ヒト科の動物」が「人間」になってからのことです。幼少年期には、原則的に、「教えて」、「育てる」というように他動詞を二つ重ねることが正しいのです。それが「しつけを回復」し、「教えること」を復権するという意味です。幼少年期の教育は、子どもの成長が「自転」を始めるまで、「学び」のあらゆる領域において、その子に関わるものが背中を押してやらなければ先へは進めないのです。社会が「教育」を「義務」にしなければならなかったのはそのためです。少年教育の原点は「する」であって、「なる」ではないのです。

5 「他律」の中で「自主性」を育てる

多くの人々は表題の小見出しを矛盾と感じるかもしれません。通常、「他律」は「自主性」の反語だからです。しかし、幼い子どもが「自分でやれる」ようになるのは、「自分でやらねばならない」ことを教えられるからです。

それゆえ、自主性は他律によって育てられ、「自分でやれ」ということは他人が教えなければならないのです。「自分でする」ことは「自律」ですが、「自分ですること」は「他律」によって教えるのです。「他律」の中で「自主性」を育てる、とはそういう意味です。

子どもに最初から自主性や自立心があるわけではありません。あるのは自我と呼ばれる自己中心的な「欲求」にほかならないのです。子どもの「欲求」を放置すれば、言動が欲求に支配されることになるわけですから、わがままと勝手が自己増殖を始めるのは自然の成り行きです。

子育てや教育の基本原理が「なる」ではなく、「する」であるということは、現在の就学前教育や小学校教育の指導法を「子ども重視」型から「指導者重視」型へ、あるいは「自律」重視型から「他律」重視型へ転換しなければならないということです。特に、日本の幼児教育は圧倒的に「自律」重視型になっているので、教師による「他律」の方法と中身を再検討しなければならないのです。

子宝の風土の人々の慈愛は深く、日本の子どもの大部分は大事に慈しまれ、保護されて育っています。しかし、慈愛もその分別を失えば、子どもに対する過保護・過干渉にほかなりません。過保護も、過干渉も、「欠損体験」を発生させ、子どもの発達を阻害し、結果的に反社会的な結果を生むことはすでにさまざまな機会に論じた通りです。

筆者が「教育公害」と呼ぶのは子どもの「逸脱行動」やその「反社会性」が許容の限度を越えたからです。バランスを失い、さじ加減を間違えれば、しつけも教育も不毛な甘やかしや放任に転落するのは必然です。諏訪哲二氏は本のタイトルに「オレ様化する子どもたち」という題を付けました。子どもは「変」になったのであり、「新しい子ども」が登場した、と書いています。しかし、世間は「子どもは変わっていない」と信じている、とも書いています。*

＊諏訪哲二『オレ様化する子どもたち』中公新書、二〇〇五年、一四〜一六頁。

子どもが変わったのは確かですが、大元で変わったのは教育における子ども観であり、指導法だったのです。結果的に、「子宝の風土」の子育て原理が崩壊したのです。戦後六〇年を経て、諏訪氏の言う「新しい子ども」は崩壊した指導原理-指導法の産物として登場したのです。かつて「教えるもの」は「教えられるもの」より「えらい」存在でしたが、その原理はとっくに崩れました。

欧米の児童中心主義を信奉した戦後教育で育てられた教員が子どもと友達になったからです。教育界のモデルに従った親も子どもと同等になり、時には「お子様」の召し使いになりました。尊敬もあこがれも恐怖も感じない教員に、快楽原則と自己保存の欲求のままに行動する子どもが従うはずはないのです。指導者がなめられれば、子どもは必然的に唯我独尊で行くか、対等を主張する未熟で生意気な独立人になるでしょう。それは確かに子どもの「オレ様」化と呼んでもいいし、「「自己中」の蔓延」と呼んでもいいし、あるいは、「わがまま勝手の自己増殖」と呼んでもいいでしょう。

幼少年期の教育原理が「なる」ではなく、「する」であるとすれば、子どもが「オレ様」になったのはそのように育てた結果にほかなりません。教育界と保護者が自覚すればしつけの復活は決して不可能ではありません。初めから「半人前」を半人前として処遇すれば、鼻持ちならない「オレ様」を、再び向上心のある児童／生徒に戻していくことは十分可能です。その単純な現実が幼少年教育に関わる人々に見えていないだけのことです。

現在、家庭の教育力は衰退したと多くの人が指摘しています。学校も指摘しています。保育所や幼稚園の関係者も指摘しています。であるならば、教育機関や保育施設が必要な手を打てばいいではないですか？ 保育所も、幼稚園も、学校もその道のプロの集まりではないですか？ 答えは明らかでしょう。家庭におけるしつけがダメになっているのなら、家庭に成り代わって子どもの体力、生活習慣、自主性などを育ててみせることです。

体力・耐性がともにへなへなである上に、不作法で、わがままな子どもが繁殖を続ければ、崩壊するのは学級や授業だけにとどまりません。家庭内暴力のように極端な場合には家庭自体が崩壊します。やがて子どもの反社会的言動は社会に波及します。それが「教育公害」です。子どもの非行や暴力や犯罪の多発、労働に参加しない若者の増大は社会の負担で対応しなければなりません。子育てに手を焼けば親は幸せにはなれません。子育てプロセスの不幸は少子化の原因の一つになっていることは疑いないでしょう。教育の失敗から発生する問題の多くは善意の結果であるとしても、子どもの反社会的行動から発生する「迷惑」はあくまでも「迷惑」です。意図的に不幸を招いているのではないとしても、あるいは、子どもへの溺愛や教育観の間違いが原因であったとしても、「不幸」は「不幸」でしょう。教育のプロにはそれを正す義務があるのではないでしょうか？　学校はあらためて「守役」の機能を自覚し、しつけを回復し、共同生活のルールに耐え得る子どもを育てなければならないのではないでしょうか。保護者が自分の子のしつけができないのであれば、社会の共同生活を維持するためにも、第三者がトレーニングを引き受けなければならないのは当然です。それが幼少年教育における「他律」の原則です。育てるべきものが「自主性」であるなら、他律の教育において、「自分でやりなさい」、「自分で決めなさい」と指示／命令・指導していく機会をつくっていくしかないのです。「責任感」を教えるにも、「協力」を教えるにも、その第一歩は、「他律」の中に「責任を取らせる」機会をつくり、「協力せざるを得ない」状況を設定することです。

換言すれば、指導者との約束の中で、子どもがそれぞれの課題を「自分でやってみる」ということです。そのときにこそ指導者が従うべき「型」や「モデル」を提示し、「試行錯誤」の範囲を設定し、「君ならできる」と「応援」のメッセージを送り続けることが肝要です。戦後教育が導入した「児童中心主義」教育の修正が不可欠なのは、「指導者の指導」が「中心」となることを禁じてしまったからです。教師が指導せず、「自主性」の名のもとに子どもの「欲求」を放置すれば、彼らを「自滅」に導くことになるのです。今や日本の子どもが学力どころか、社会生活の基礎・基本を習得していないことは周知の事実です。何度でも言いますが、日本文化の子育ての教訓の核心は「他律のすすめ」

です。「可愛い子には旅をさせよ」も、「辛さに耐えて丈夫に育てよ」も、「若いときの苦労は買ってでもさせよ」も、すべて「他律のすすめ」です。結果的に「他律の中の自律のすすめ」です。上記の格言はすべて「させよ」という他動詞で終わっていることに注目すべきです。

6 子どもの「主体性」を最優先すれば、子どもの「拒否権」も最優先しなければならない

教育の名において子どもの主体性を最優先すれば、子どもの「拒否権」も最優先しなければなりません。「楽しいこと」や「好きなこと」をやっている間は、「主体性」論が一人歩きをしても、それほどの「害」をもたらすことはありません。しかし、「子どもが嫌がること」で、「集団や社会が必要とすること」を教えたいときはどうするのでしょうか？　子どもは「主体的」に、「いやだ」と言い、「やりたくない」と言います。子どもの言動が単なる「わがまま」であっても、教育関係者が「自主性」を尊重せよと言えば、多くの親も指導者も「叱ること」や「強制」することをためらうでしょう。

子どもとルールが対立したらルールを取る。それが教育です。しかし、家庭も学校も子どもの「主体性」論に呪縛され、ルールを選べないのです。そこから教育の崩壊が始まるのです。子ども会が崩壊し続けているのは、役員がすでに子どもをコントロールできないからです。役員になったらわがまま勝手な子どもに振り回され、まじめなお母さんは子どもの世話で胃に穴があくでしょう。悪ガキにうかつに注意でもしようものなら、近所の保護者から怒鳴り込まれかねません。誰も子ども会の役員

などやりたくないのは尤もな話です。子どもの単純な「好き嫌い」も、教育用語の粉飾と小理屈をつけて「自発性」とか「興味・関心」という美辞麗句で置き換えれば認めざるを得なくなります。子どものわがままも「主体性」や「自主性」と呼べば、過保護と放任の理屈はつくのです。子どもの主体性を尊重するということは、子どもの「拒否権」も尊重せざるを得ないということです。全国の「家庭教育学級」を通して、子どもの「興味・関心」が重要だといい、子どもの「主体性」・「自主性」を尊重せよと教育の専門家に言われれば、一般の保護者には何が「わがまま」で何が「勝手」であるかの線引きが難しくなるのは当然です。それゆえ、子どもの「主体性」論が幅を利かせるようになれば、「子どもの目線」が大事で、「社会の視点」は相対的に大事ではなくなったのです。子宝の風土と児童中心主義の結合は文字通りの「屋上屋」を重ねたことを意味します。重ねてはならないものを重ねれば、子どもの決定権が異常に肥大化します。未熟で、自己中心的な子どもが日常を支配するようになれば、わがままと勝手が増殖します。「好きなことしかやらない」子どもを、「主体的」であると解釈する論法がまかり通るからです。子どもが「やりたくないことをやらないですむ」のは、子どもの「興味・関心」を抑圧するな、と尤もらしい教育論で語る人がいるからです。

「好きなものしか食べない」のは子どもの「主体性」を重視した結果です。「嫌いなものは拒否する」のも子どもの「自主性」が一人歩きした結果です。食生活が乱れるのはわがままで、勝手な子どもが食いたい放題に食い散らかし、やりたい放題にやった結果です。教育行政が今ごろになって「食育」の必要を説くのは、天に向かってつばするごとき、誠に迂闊なことなのです。

7 「型」の指導は反教育的か!?

筆者が関わっている「豊津寺子屋」は「型」の指導を重んじています。礼儀にしても言葉にしても「型」の体得を指導法にしています。「型」の教育を語ると、進歩的と称する人々が「詰め込み」と批判し、「強制」と非難し、時には「軍国主義的」とまで攻撃します。豊津でも議会人から文句を言われた経験があります。要するに「型」の指導は、子どもの「主体性」を無視した反教育的な方法であるという論法です。

批判者の方々は喜々として寺子屋へ通ってくる子ども達を知りません。前の晩から明日の寺子屋の活動準備をして眠る、という保護者の報告を知りません。指導にあたる人々が、決められた指導の枠の中で「自分でやってごらん」と子ども達にたくさんの自由を与えていることも知らないでしょう。「できないこと」が「できるようになる」ことの「機能快」を知らず、子どもたちが迎えにきた保護者に自分の技量を喜々として披露している状況を想像できないのでしょう。批判者の想像力が問われているのです。

寺子屋が反教育的なプログラムだったとして、わが子の教育への注文に厳しい現代の親がはたして子どもを送ってくるでしょうか？　人生に熟達した「有志指導者」が納得して指導の原理に従うでしょうか？

現状の子どものへなへなぶりは明らかに現代教育の結果です。戦後教育の児童中心主義に対する思い込みは非論理的で、結果の検証を忘れています。教育界は、自分達が関わった子どもの現状を棚に上げて、保護者のしつけが崩壊に瀕していることを責め、「子どもを抑圧するな」という教育イデオロギーに毒された見方しかできていないのです。日本の教育の不幸は以下の単純な教育原理を忘れたことです。

子どもも、大人も《やったことのないことはできない》。

子どもも、大人も《教わったことのないことはわからない》。

子どもも、大人も《反復して練習を積まなければ上手にできるようにはならない》。

幼少年教育は「型」の指導から始めるしかないのです！　いまだ発展途上にある「半人前」の子どもの自主性や自発性に人生の基礎・基本の「学び」を委ねるくらい危険なことはありません。

8 「体得」を重視、「型」の指導を導入

人間が「わかる」ということのなかには、論理的に理解する「学習」と、肉体的・感覚的に実感・会得する「体得」があります。学習も、体得も「学ぶこと」には違いありません。それゆえ、二つの概念に混乱が生じますが、「学習」は主として脳を使い、「体得」は心身全体を使います。脳を使った学習では、主として、「知識」や「考え方」やものごとの「関係」を学びます。

これに対して「体得」は身体全体——五感を総動員して学びます。学ぶのは主として「生き方」で

あり、「やり方」です。体得の対象は知識ではありません。実践の意欲ややり方です。「身体で覚える」ということは、自分の状況を全肉体を動員して確認することです。なによりも言葉による「ごまかし」がききません。「身にしみる」、「腑に落ちる」、「自然に手が動く」、「身に付く」、「身体が反応する」、というのが「体得」です。「体得」は「体験」と「練習」を通して学びます。それゆえ、昨今の「体験学習」という言い方は概念が混乱しています。最終的には、当然、「体験体得」と呼ぶべきでしょう。教科教育が学校を支配し、学校がその影響力を増したとき、「学ぶこと」は「座学」に偏り、「学習」に偏り、「体得」は忘れられた概念となったのです。

しかし、事実は頑固でかつ明瞭です。幼少年期の「生きる力」の大部分は「体得」によって獲得されたものです。

9　掃除も型、日本語も型

いささか大袈裟ですが、掃除も手伝いも子どもの「義務履行の型」です。幼少年期の日本語は「文型」として、先人の言葉を模倣する中から体得していきます。暗唱や朗唱が大切なのはそのためです。同じく、礼儀作法は共同生活の「行動の型」として父や母をモデルとして反復練習の結果体得します。協力や責任も「共同生活の基本型」です。親切な行為、やさしい言葉は「思いやり」を「表現する型」と呼んでいいでしょう。

子どもは未熟であり、いまだ「半人前」です。それゆえ、「型」の習得は、指導者による他律を主とする反復と練習によって行います。「君だったらできる」と背中を押してやり、「筋がいい」と言って応援し、「将来が楽しみだ」と励まして楽しい時間にすることが指導者の「腕」の見せどころです。もちろん、こうした「型」を体得する基本条件こそ、子どもが反復と練習に耐える「体力」と「耐性」であることは前に述べた通りです。

「豊津寺子屋」は「体力」を重視し、「耐性」を強調し、「型」の教育を再評価し、「知識の理解」より「型」の体得」を優先したのです。「論より証拠」です。子どもは着実に変わり、集団生活の基本も身に付きました。当然、子どもの変容は保護者を納得させ、その評価は高くなりました。

10 「総花的」・「要素並列型」の育児書、保育指導書は有害である

「生きる力」は体力、耐性、学力、社会性、感受性などの総合された力ですが、その組み合わせには明らかに「順序性」があります。家を建てるときの要素や手順に似ています。家の場合、まず基礎が固まっていなければ家はやがて傾くでしょう。土台が揺らげば柱も壁も安定しないことは明らかです。柱がしっかりしていなければ屋根は支えきれません。それゆえ、家は「基礎」→「土台」→「柱」の順序で建てるのです。壁も、屋根も、インテリアも、外装も、個別の家具も、それぞれに大事ですが、家の要素にも、建て方にも明らかな「順序性」があるのです。「順序性」を無視したら安

定した家は建たないのです。「生きる力」も同じです。

育児書や保育指南書の最大の問題は子育てや教育の要素が「並列的」であり、「総花的」であることです。誰もが体力が大事だと言い、がまんも大事だと言い、叱ることも大事だと言います。しかし、体力がなによりも大事だとは言わないのです。一つの要素が別の要素より大事であるとも言いません。結果的に育児論が総花的になるのです。高橋系吾氏の『幼児の心としつけ』は母親向けの読みやすい、しつけのヒントがちりばめられた本ですが、「体力」も「絵本」も「叱る事」も「子どものけんか」も、いろいろな項目が並列的に書かれています*。飛田貞子氏の『しつけしだいで子どもは伸びる』は、子どもの問題行動を三点に要約しています。いわく「がまんする力が不足している」、「生命を軽く考えている」、「人と接する力が弱く、自分の殻に閉じこもる」**、の三点です。

*高橋系吾『幼児の心としつけ』学校図書、二〇〇一年、三〇～五二頁。
**飛田貞子『しつけしだいで子どもは伸びる』主婦の友社、二〇〇二年、四頁。

もし、飛田氏の言うように、問題行動の原因が上記の三点であるとすれば、育児はその三点に集中して対応策を処方しなければならないでしょう。しかし、飛田氏の書は一章から三章まで四七項目のしつけの助言を満載しているのです。本吉・武藤共著による『生きる力の基礎を育む保育の実践』*も同様に並列的です。論じられているのは、子どもの体験であり、挑戦であり、共感であり、持続であり、努力であり、タイミングであり、興味であり、保育者の姿勢であります。このように列挙すれば、読む方の力点は拡散せざるを得ません。保育士も親もこれでは指導の基本がわからないでしょう。同様に他の多くの参考書が「要因・要素並列型」の説明を繰り返しています。

＊本吉圓子・武藤隆『生きる力の基礎を育む保育の実践』萌文書林、二〇〇四年、目次。

並列保育論や総花教育論は保護者の注意を散漫にするだけでなく、保育士や教師の指導の焦点化を著しく妨げることになります。一つ一つの指摘は正しくても、順序性や重要度の違いを無視すれば「子育ての家」は傾きます。基礎を固めずに、土台を置くことはできず、土台を無視して柱を立てることもできないはずです。

「総花的」・「要素並列型」の育児書は、順序に構わず、どこからでも、全部やりなさいと言っているかのようです。家の場合だったらまともに完成するはずはないでしょう。子育てや幼少年教育の場合も同じです。「総花的」・「要素並列型」の育児書、保育指導書は子どもの「生きる力」を育もうとするとき、極めて有害なのです。「生きる力」の順序性は最終項で論じますが、基礎は体力、土台は耐性です。残りの要因も大事ですが、上の二者を欠けば学力その他の要因は実現できません。それゆえ、上の二者に比べれば、他の要因の重要度は相対的に低いのです。当面、子宝の風土の保育書には「体力の錬成」と「精神の修養」の必要だけを書けばいいのです。当面の実践も、体力の錬成と我慢の修養に力点を置けばいいのです。残りの課題は「子宝の風土」が誇る子どもへの慈しみと奉仕が解決するのです。

Ⅵ

論理と風土の組み合わせ
——努力しても結果が出なければ、中身と方法を疑え

戦後日本の幼少年教育を論じて辛いところは「教育論理」から生じる問題と「「教育論理」と「風土」の組み合わせ」から生じる問題は別のものであることを言い続けなければならないところです。「教育論理」だけを別個に取り出して論じても、現代日本の家庭教育の崩壊や地域教育力の衰退に関わる原因と実態を解明することはできないということです。思想は常に現実との組み合わせでその有効性が決まってくるからです。教育思想も当然同じです。

筆者は欧米流「児童中心主義」の論理を否定しているのではありません。欧米の教育研究の成果は豊かです。「児童中心主義」も欧米の子どもの状況を前提とすれば、論理的で有効であると思います。ただし、この「児童中心主義」の論理が有効に機能するのは、欧米のように子どもの興味・関心が大人の興味・関心に従属し、子どもの主体性・自主性よりは大人の意志が断然優先する「大人中心の風土」を前提としたときのみです。大人が中心の風土では、大人の支配が過度に及ばぬようバランスを

取るための「児童中心主義」思想は、十分有効であり、重要であることを認めるにやぶさかではありません。筆者が否定しているのは「児童中心主義」と「子宝の風土」の組み合わせだからです。ルソーからフレーベルを経てデューイに至り、Dr.スポックの育児書にまで受け継がれた「子ども主義」と「受容の論理」は、さすがに一部の欧米社会においても、行き過ぎであったといわれるようになりました。しかし、依然として、大人が子どもを支配する原理的状況が変わっていない以上、思想の有効性は失われていないのです。

一方、戦後日本の教育は、戦争の反省と戦争の論理を支えた「天皇制軍国主義教育思想」への反発と相俟って、「子宝」の発想と矛盾しない「児童中心」の思想を喜々として受け入れました。占領政策による強力な指導もあって大学の教育学部も教員養成課程もすべて「児童中心主義」一色に染まりました。子どもの興味・関心が学習指導の中核を成し、子どもの主体性・自主性を尊重することが教育やしつけの大義となったということです。しかし、子どもの存在がもともと最も尊ばれ、子どもの欲求が優先される「子宝の風土」において、さらに「児童」を教育の中心に置くべきだという主張は、屋上屋を重ねたことになります。戦後日本において「お子様」は「半人前」のトレーニングの機会を捨て去って、社会の主人公であるかのように、生活の中心に位置づけられたのです。

「半人前」をあたかも「一人前」のように、制約条件なしに、その主体性や自主性を認めれば「お子様」が勝手な一人歩きをすることは当たり前です。子どもの野放し、「お子様」の過剰な保護は、未熟な子どもの野放途な欲求やわがままを異常に肥大させる傾向を強めます。結果は現在見ての通りです。子どもは「へなへな」で、「わがまま」で、「自己中心的」で、規範は「内面化」されず、ルールは守りません。保護者も、学校も子どもへの対応や指導に頭を抱えているのです。「子ども当事者主義」を信仰し、自己中心的な子どもを抑制できない保護者は「モンスターペアレンツ」という特異な名称を与えられました。「モンスターペアレンツ」は過保護と「児童中心主義」の落し子です。いまや過保護と「児童中心主義」で育てられた子どもが親の世代になりました。現代の子どもたちは「過保護二世」です。社会化が不十分な子どもたちが引き起こす不祥事が頻発するようになりました。子どもが引き起こす事件や事故は、徐々に、教育の領域を溢れ出し、一般の生活領域に及んでいます。非行や犯罪や、いじめや怠業や、引き籠りや家庭内暴力などは、「公害」の様相を帯びるようになったのです。昨今のニュースに登場する子どもあるいは数年前の子どもが引き起こす数々の事件はその走りにすぎません。多くの教育関係者によりたくさんの真面目な取組みが試みられていますが、対応策が的外れなのです。何年も努力してその成果がでていないとすれば、従来の中身と方法が間違っていなかったか、を疑うことは関係者の義務ではないでしょうか? 教育行政も学校も、「児童中心主義」の論理に呪縛され、「風土と論理の組み合わせ」が生み出す副作用の重大さを見失っているのは誠に残念なことです。

Ⅶ 「教育公害」の発生を助長する教育論の特性

1 教育論の特性

育児書をはじめ図書館の書棚を飾っている教育書には少なからず問題がありそうです。その問題点は数種類に分けることができます。

第一は「単一分野教育論」とでも呼ぶべきものです。教育や発達の一つの分野だけを取り上げてその分野の問題を解決できればあたかも教育のすべての問題に対処できるかのような幻想を抱かせる教育論です。「食」や「気」の問題だけを取り上げてあたかもそれですべての健康問題が解決できるかのような幻想を振りまく健康論に似ているのです。両者に共通しているのは教育も健康も心気体に関わる複合問題であることを忘れているということです。例えば、「読み聞かせは子どもを救う」などという本がありましたが、タイトルからして「読み聞かせ」という一領域が子どもの心気体に関わる教育の全体を救えるかのように錯覚させます。「読み聞かせ」が「救える」のは子どものほんの一部の問題にすぎないことは明らかでしょう。

第二は教育の総花論です。この種の本には教育に関わる広範囲な要因が取り上げられ、それらの順序性や優先順位の発想はほとんど欠落しています。したがって、個別に述べられていることは正しくても、子どもに対する『指導のシークエンス』（発達の構造や時間的要素を考えた優先順序の決定）はまったくわからないのです。教育も育児も、限られた時間とエネルギーのなかで行われる以上、理想的なことが提案されていても、書かれていること全部は実行できないことが普通です。最小限達成しておかなければならないことは何か？　いわゆる「ミニマムエッセンシャルズ」はわからないのです。本を読んだ保護者や教育関係者が自分の関心で恣意的に「各論」をつまみ食いしたときの弊害は大きいのです。

第三は日本の歴史的・文化的風土の特性をまったく考慮しない「子ども観」や「指導論」に基づいた教育論です。これらの教育論こそが戦後教育を誤らせ、現在の子どもの状況を生み出した「「教育公害」の発生を助長する教育論」です。

2　「教育公害」の発生を助長する教育論の比較相対的特徴

あくまでも比較相対的特徴ですが、「教育公害」を発生させている教育論にはいくつかの共通的特徴があります。

第一の特徴は、「共同生活」や「社会」の必要より「個々の子ども」の欲求や要求を優先させることです。したがって、子どもの「自立」より子どもの「保護」を優先することです。それゆえ、指導現場において、往々にして鍛錬や教育より保護と安全と子どもへの奉仕を重視しています。結果的に、この種の教育論の影響を受けた教育委員会及び学校の多くは、教育の「必要課題」より子どもや保護者の「要求課題」を優先することになります。この種の教育論が蔓延すれば、教育委員会や学校の多くが教育の「必要課題」を顧みることがなくなり、教員や保護者の大勢もまた子どもや保護者の「要求課題」が最も重要であると錯覚することになります。

第二の特徴は、子どもの保護と子どもへの奉仕を重視する「教育論」は、非行少年・犯罪少年の場合でも、当人の人権を強調するあまり、被害者の人権にまで思いが及んでいないことです。抽象的な子どもの「人権」・「学習権」を説いても、集団生活のなかで規範や学習規律を守ることのできない子どもの被害を受ける側の子どもの「人権」・「学習権」については同じようには説かないのです。

子どもの興味・関心、子どもの欲求や主体性を説くが、子どもが社会に対して負うべき責任・役割・義務について厳しく問うことはないのです。「共同生活」の必要課題を重視しないしつけや教育は子どもの社会性や責任感を育てることはできません。当然、ルールを守らず、規範に従わない青少年が増えれば、迷惑は多くの人々に及ぶことでしょう。しかし、この種の教育論は、子ども本人に目が奪われて、一般社会が被るであろう「被害」は想定できていないのです。ルールを守らず、責任を取らない子どもの大量発生は教育の失敗です。失敗のツケが一般社会に溢れ出し「被害」を及ぼすとき、それは「教育公害」と呼ぶべきでしょう。

第三の特徴は、「子ども中心主義」論者たちの主張は個々の子どもの権利や欲求を強調した「子ども当事者主義」の色彩を帯びていることです。「子ども当事者主義」は、子どもの「快・不快」を重視するが、子どもの社会的責任遂行能力の「向上」を重視しません。「子ども当事者主義」は「個別」を重視するあまり、「集団」を蔑にするもので、「個」を見て、「全体」を見ないのです。その発想は「権利」を主張して、「義務」を軽視し、「自由」を語って、「責任」を論じない発想に続いていくのです。

結果的に、「子ども中心主義」は「子ども当事者主義」と同じであり、子どもの発達や教育を考える上で、「子どもの視点」はあっても、「社会の視点」は欠落するのです。したがって、子どもの欲求と「わがまま・勝手」を線引きする基準は不明です。「認めるべき欲求」と「認めてはならない欲求」の区別も曖昧です。それゆえ、子どもの「主体性」と「欲求」との混同が必ず起こります。保育や教育における「主体性」概念は常に曖昧であり、その条件と構成要因が明快に説明された例を知りません。結果的に、「主体性」は、子どもの「興味・関心」や「欲求や要求」と等値され、最終的に、その「抑制方法」が語られない以上、「やりたいほうだい」と違うところはないでしょう。

第四の特徴は、大人より、子どもの方が大事である、という教育観を前提にしがちです。それゆえ、未来の社会に対して子どもの果たすべき義務より、今、現在において、子どもを守り、子どもに奉仕すべき大人の責務ばかりを強調するのです。「子ども観」において、伝統的「子宝の風土」における「子宝」や「お子様」表現の発想と合致しています。教育環境において子どもを上位に置けば、子どものやりたいことについては、子どもの主体性や自主性に置き換えられるでしょう。一方で、子どもに起こった事故や事件については、まだ「当事者能力」がないからといって、保護の任を負うべき大人の責任だけが問われて、子どもを免罪することになるのです。どのような論理で飾ろうと、これらの発想はすべて子どもを社会に優先させる「子ども中心主義」以外のなにものでもありません。「児童中心主義」も「子ども中心主義」も、欠けているのは「バランス」です。それは存在における「子ども本人の利害」と「他者の利害」のバランスであり、「子どもの視点」と「社会の視点」のバランスなのです。

第五の特徴は、子どもに対する強い禁止や強制を認めることはないということです。子どもの興味・関心・欲求を「必要課題」の上位に置けば、指導方法上、ルールや規範を学ばせる上で「他律」によって強制するという視点は否定されるでしょう。〝我慢しなさい〟という「耐性」を鍛える視点も欠如することでしょう。子どもに我慢することを教えなければ、人生の困難に立ち向かう力はつきません。ものごとを会得していくプロセスで「継続」と「集中」ができなければ、「できないこと」を「できるようにする」ことは困難です。「できないこと」が「できるように」ならなければ、子どもの習得の「機能快」を体験することなく成長期を過ごすことになるのです。その結果、幼少年期におけるしつけや基礎トレーニングの欠落を棚に上げて、子どもの問題行動が表面化してからうろたえて、社会のせいにし、周りのせいにして、「犯人探し」をして、自分以外の他者の責任をあげつらうという深刻な事態を招いているのです。

3 過保護の連続性

過保護は二世代にわたって連続し、今やもともと存在した「子宝の風土」を土台として、日本の子育て文化となりました。「子ども当事者主義」の教育論は、戦後の教育に浸透し、伝統的なしつけと鍛錬の教育思想を圧倒しています。まさに悪貨が良貨を駆逐しているのです。一度出来上がった文化は当然子育てに関する世論の主流を形成します。教育現場において、自己の欲求と要求のみを主張し続ける子どもも、過剰な子どもの人権主義も、わがまま勝手な保護者も「子ども当事者主義」の落し子です。

かつて「子宝の風土」の教育は基本的に家族と「守役」の間の「分業」でした。原理的に、子どもの「保護」は家族や一般社会にまかせ、その代わり「自立のトレーニング」は第三者の「守役」が引き受けてきたのです。「守役」は「ご養育係」と呼ばれ、「乳母」や「めのと」と呼ばれました。子どもを「一人前」にするのは「守役」の任務であり、名誉でした。欧米から「児童中心主義」の思想が導入される前、日本の保護者も、一般社会も、「守役」を尊敬し、「守役」の指示に従いました。日本の家族・一般社会が「子宝」の保護に傾きながらも、しつけの厳しさを失うことがなかったのは、

「守役」への信頼と尊敬があったからです。

明治期に学校教育制度が確立されて以来、主たる「守役」は学校になり、教師になりました。「守役」の任務は、「子どもを守ること」より、「子どもを鍛えること」にあったことは、学校の成立以前も以後も代わりはありませんでした。しかし、上述したように戦後教育界への児童中心主義の導入によって、「守役」の伝統は否定され、「守役」への信頼と尊敬はすでに伝説になりました。子どもを鍛えないで、大事にするだけでは決して「一人前」にはなりません。残念ながら現状をみると、筆者の論が教育現場に受け入れられる頃には、家庭はもとより、多くの日本人が「教育公害」の甚大な被害に泣くことになるでしょう。

4 風土の弱点を補完する先人の知恵

少し時代をさかのぼり教育の参考書を開いてみれば先人の知恵を結集した各種の格言が並んでいます。「子宝の風土」の欠陥と副作用を十分意識し、風土の弱点を教育的に「補完」する数多くの格言があります。

例えば、「かわいい子には旅をさせよ」です。ひとり旅は自立のトレーニングでした。旅では、自分のことは自分でやり、自分で決めなければなりません。

「辛さに耐えて、丈夫に育てよ」というのもあります。困難に耐えることは人生の「予防注射」です。幼少期に困難や失敗を体験しておけば、困難に対する「免疫」ができ、防衛体質が備わるということだったでしょう。

「艱難汝を玉にす」という格言も同じ趣旨です。困難が人を育てることは今も昔も変わりません。幼少年期を一番大事な「宝」として、ひたすら守られて育った子どもには「若いときの苦労は買ってでもさせよ」と言い残されています。

「子どもの走る坂道の小石まで拾うな」というのは、大石は拾っても小石まで拾うなという微妙なバランスを含んだ助言です。小さな怪我や失敗は子どもの人生に役に立つという考えが背景にあるのです。

「他人のメシを食わせよ」とか「世間の風に当てよ」というのは、自立するために他者の中で生きていくという経験が必要だとした格言です。ニートの子どもを抱え込んだ親達は自分の死後に子どもがどのように生きていくと想像しているのでしょうか？　潜在的能力を有するにもかかわらず、社会の存続と発展に寄与しようとする意志を持たない若者を未来の社会がどのように遇するか、〝甘えん坊〟の彼らは想像したこともないのでしょう。

5　占領期教育改革の見落とし

今の子どもたちは「過保護二世」と呼ぶべき世代です。過去の教育文化をなげうち、「子宝の風土」

と欧米型の「児童中心主義」が合体した結果の落し子です。

「児童中心主義」を導入したのは、疑いなく「占領政策」の一環ですが、その責任を改革者に問うべきではないでしょう。彼らは日本の「子宝の風土」に無知だったからです。私たちが知り得る歴史的文書の中で、日本に来たアメリカの教育改革者が日本にとって好意的であったことは疑う余地はありません。真の責任は戦後教育を担った先輩研究者の「油断」にあるというべきでしょう。彼らは「子宝の風土」の特性を自覚しながら、欧米の教育思想をありがたがって導入し、育児における保護としつけの日本的バランスを崩したのです。「児童中心主義」を信奉したのは、戦後の指導的立場にいた大学教授たちとその教え子の戦後の教育官僚たちでした。筆者の世代には、まだ戦前の「守役」型の先生が残っていました。しかし、団塊の世代になると、ルソーからデューイまで、エレン・ケイからDr.スポックまで、「児童中心主義」の教育が時代を制していました。団塊の世代こそが子育てに「過保護」を蔓延させた「過保護原世代」なのです。爾来、学校教育の中でも、家庭教育の中でも「指導するもの」と「指導を受けるもの」との関係は徐々に対等になっていきました。その過程で日本社会は、上記の格言にみられる厳しい「一人前」のトレーニングも、過保護の「抑制機能」も捨て去ったのです。当然ですが、「守役」を降りた学校は、徐々に教育上の「権威」と人々の尊敬を失っていきます。数を頼んだ教員組合の常軌を逸した自己主張は、「教師」がもはや社会を代表する「守役」ではあり得ないことを露呈したのです。

今日につながる教師受難の時代は彼らが「守役」の位置を降りたときから始まります。しかし、教師自身も大学で教わった「児童中心主義」の信奉者となったため、なぜ、自分が子どもからも保護者からも敬意をもって遇されることがなくなったかについて疑問を持つことがなかったかもしれません。もちろん、「過保護原世代」は養育における「四つの過剰」を疑ってもみませんでした。「原世代」は「貧しい日本」を知っていました。欠乏時代の反動で子どもには不自由はさせたくないという憐憫の情をもって、育児にも、教育にもあたったであろうことは想像に難くないのです。

それゆえ、平和な戦後が訪れて、ひたすら働き、その成果をもって、子どもの世話をするのも、指示をするのも、彼らの望むとおりに物を与えるのも、欲求に耳傾けるのも、子どもを「愛するがゆえ」だと信じていたはずです。「辛さに耐えて丈夫に育てよ」と厳しい助言をしてくれる「守役」はすでに存在しなかったのです。その結果、団塊の世代の子どもたちは、四つの過剰を満身に浴びた「過保護一世」となりました。不幸にも彼らは「他人の飯」を食うことも、「世間の風に当たる」こともありませんでした。その彼らが、今や、親になりました。親は自分が育てられたように子を育てます。それゆえ、「過保護一世」にとって「四つの過剰」は自然でした。「過保護一世」は、当然、「過保護原世代」に輪をかけて過保護な親になったのです。育児の上で彼らの拠りどころは、「子宝」に対する「愛情」と「慈しみ」です。「四つの過剰」はそのまま日々の養育行動に取り入れられました。その「成果」が現在の子ども――「過保護二世」です。過保護二世の生活は、「キツいこと」は拒否し、「難しいこと」は回避し、「楽しいこと」、「好きなこと」だけに流れています。やりたいこと、やれる範囲のことだけをやっているから、「生きる力」の基礎を形成する「体力」も「耐性」も極めて不十分です。

育児と教育の失敗は、今や「一人前」になれない子どもの大量発生という社会病理現象を引き起こしています。子どもを巡る問題は多様化し、多発しています。その発生源こそが戦後の子ども中心主義を助長し、学校の児童中心主義を主張した「教育論」です。彼らは子どもの「保護」は説いたが、子どもの「自立」は同じようには説かなかったのです。「過保護原世代」から「過保護一世」を経て「過保護二世」に及ぶ子ども中心主義は、「風土の特性」を無視して戦後教育の「さじ加減」を誤らせました。「子宝の風土」に「児童中心主義」を重ねたことこそが教育公害の発生源であり、幼少年期の子ども観の偏りこそが問題の核心なのです。

6 師弟対等の「子ども観」

筆者は、学校の先生方が書いた本、先生方を取材して書かれた本などを中心に読みました。そこからおぼろげながら見えてきたものがあります。しつけや教育の困難の主要な原因は「子ども観」にあり、教育場面における「師弟対等の地位」にあると考えます。教育の現場で「子どもの人権」を持ち出し、その主体性を尊重すると謳い、自主性にまかせると言ったとき、指導は極端に難しくなります。「教育公害」発生の原因の一つが師弟対等の子ども観であることは先生方ご自身が感じ始めているのです。

「君は独立の人格を持ち、主体的に行動する私と対等な人間なのだ」というメッセージを与えておいて、次に、一方的な「指示」や「命令」を与えれば、先生は「嘘つき」だということになるでしょう。言葉がつかえるようになった子どもは、先生方の「言うこと」と「やること」は矛盾しているとも言うでしょう。教育の混乱要因の一つは「対等」に扱ってはならない子どもを「対等」な地位に置いたことから始まっているのです。当然家庭におけるしつけが成り立たなくなったのも同じです。子どもを親より「えらい」、「王子様・王女様」の地位に置いたことの結果です。日常生活において未熟な子どもを「王子様・王女様」として待遇を継続することはどこの家庭でもできないからです。

「指導をするもの」と「指導を受けるもの」は「対等」でいいと言えるでしょうか？

成人教育では「指導をするもの」と「指導を受けるもの」は「対等」でいいのです。指導を受ける側もまた、指導する側と同じく、それぞれの人生で自立して飯を食ってきた市民であり、それぞれの生活領域で「一人前」の大人だからです。成人の指導と幼少年教育の最大の違いがここにあります。それゆえ、成人教育の場合は、師弟が「対等」で、お互いの立場に敬意を払わないと生涯学習の支援が支援にならない場合が多いのです。しかし、幼児のしつけや児童の教育はまったく事情が異なります。幼少年教育の場合、「指導をするもの」と「指導を受けるもの」とはそもそも人生の立場は対等ではないはずです。「師弟は対等であるべきである」という論理が幼少年の教育やしつけを困難にさせているのです。師弟対等の原理が、まだ、「自分のことが十分にできない」幼少年に適用できるはずはないではないですか。

子どもは社会的にも、経済的にも、心身の発達上もいまだ「自立」していず、とうてい「一人前」の市民とはいえません。古来、日本人が子どもを「半人前」と呼んできたのは誠に正しいのです。「半人前」にはまず体力や我慢強さなど「社会的生き物」の基本から教えなければなりません。教えるタイミングも教え方も、本人が好むと好まざるとにかかわらず、です。社会生活や共同生活の態度と考え方と技術も教えなければなりません。これまた、本人が好むと好まざるとにかかわらず、です。子どもの安全を願い、危険を回避するためには、時に、子どもに禁止を「強制」し、それでも従わない場合には「罰」も与えなければなりません。幼少年教育の基本は説得と強制です。子どもの日常には彼らが「やりたくても」「やらせてはならない」ことは多いのです。子どもが「やりたくなくても」、叱ったり、励ましたりして「やらせなければならない」ことも多いのです。

子どもにはこの世には彼らの思ったようにはならない不条理があることを教えなければなりません。人それぞれに能力や考え方の違いがあることも、人生には勝ち負けがあることも、人の世は必ずしもフェアーではないことも、嫌々ながらも従わなければならないことがあることも、わからせなければなりません。人の世の事実を教えるためには、子どもの意志や欲求を「全面」尊重し、「過剰に」受容してはならないのです。「この世は思い通りになる」と思わせてはいけないのです。事実「この世は思い通りにはならない」ものです。教育においては、子どもに無理を言わないことも、子どもを傷つけないことも不可能です。教育は原理的に「抑圧」を含むのです。ルールは強制し、知識は教え込み、不可欠な技術は型として〝叩き込む〟場合も多いのです。社会規範を教えようとする以上、教育は子どもの欲求を抑制しなければならず、教師はその執行者です。「ダメなものはダメ」です。原理的に、「強制者」となり、「抑圧者」となる教師は、子どもと「対等」になってはならず、「仲好し」も一定の条件の下でしか実現してはならないのです。強制するものは「上位」にいなければ「強制」機能そのものが十分に働きません。「対等」の者から命令や強制を受ければ、子どもも深く傷つきます。それゆえ、強制に甘んじなければならない者は「下位」に置くべきです。子どもを対等に遇したり、彼らの興味・関心、意志、欲求、主体性、自主性、個性などを教師の権限や権威の上に置いてはならないのです。それゆえ、教師は子どもに「対等」や「仲好し」のそぶりを見せたり、人権思想の建前で子どもの「主体」を「尊重する」振りをしてはならないのです。子どもの理解者を演じ、「友達」である振りをしてはならないのです。当然、「半人前」を過大評価して、個性の尊重とか、創造性を育てるというきれいごとに振り回されてはならないのです。要は、「半人前」を「一人前」に処遇してはならないということです。学校は自立した人間の活動場所ではありません。自立した人間を「つくる」場所なのです。子どもの「自立性」はいかなる名目にせよ教育の前提にしてはならないならないのです。すでに「自立」しているのであれば、そもそも教育は不要です。

「対等」を認めればやがて子どもを裏切ることになります。

親のしつけも、学校の指導も、教育という営みは子どもの意志に反して、無理を通すことは原理的に不可避です。子どものためを思えばこそ、共同生活や集団生活によりよく適応するため、ルールは強制し、知識は教え込み、不可欠な技術は「生きる型」として半強制的に〝叩き込む〟ことが重要なのです。「子どもの自由」は指導の「枠」の中だけで認めるべきです。社会生活の基礎・基本が身に付けば、やがて子どもの自由は大人に近づいて拡大します。幼少年期に厳しくしつけて、中学・高校時には抑制の手綱を緩めて彼らの主体性を認めることが理想的なのはそのためです。

それゆえ、最も適した「時期」に最も摩擦を起こさない方法で社会規範を教えようとすれば、教育の「適時性（Teachable Moment）」が重要になります。それが子ども時代であり、一つから九つまでの「つの付く」幼少年期であり、「三つ子の魂百まで」の「三つ子」の時代であることを日本人の子育て体験の歴史が語っているのです。親や指導者がどのように工夫しても、原理的に、しつけも、教育も、時に、子どもの欲求を抑圧し、子どもに社会の生き方を強制せざるを得ないのです。親も、教師も強制の執行者であり、処罰の実行者なのです。結果的とはいえ、しつけや教育の過程で、子どもの思いを傷つけないことは不可能なのです。また、社会での生き方を子どもに強制する以上、原理的に、親も、教師も子どもと「対等」になってはならないのです。強制するものが「上位」に位置しなければ、「強制力」を失います。強制に甘んじるものを「下位」に置かなければ、指導者と指導を受けるものとの摩擦は拡大します。子どもが傷つくことも多くなるのです。しつけや教育の成果を大切に思うのであれば、子どもを対等に遇したり、彼らの興味・関心、意志、欲求、主体性、自主性、個性などを親や教師の権威の上に置いてはならないのです。子どもを「対等」の位置におけば必ずその「対等性」を裏切ることになります。物心がついてくれば、子どもは、先生の「言うこと」と「やること」は時と場合で違うことを見抜くでしょう。対等を認めておいて一方的に強制することは矛盾です。自由を認めておいて、突然、禁止・抑制することは裏切りです。子どもは反抗と怒りをもって応えることになるでしょう。〝お母さんは勝手だ〟と言うでしょう。裏切られた子どもはやがてさまざまな反抗や反乱を起こすでしょう。家庭内暴力も、教師への反抗も、学級崩壊もその反乱の一種なのです。

それゆえ、幼少年期には、最初から、「半人前」の意志は「半分だけ認める」ことが原則です。「自分たちの希望は半分しか通らない」ということを子どもがわかっていれば、指導の困難は半減するはずです。指導する教師や保護者が、自らの言動の矛盾によって、子どもを裏切らなければならない場面も減ります。戦後教育の最大の間違いは、子どもが一番の「価値」であるとする「子宝の風土」の「子ども観」を「半人前」思想の「抑止力」なしに教育場面に持ち込んだことです。同じように、法律上の子どもの人権を、「主体性」や「自主性」、「興味・関心」や「個性・創造性」などの教育用語に置き換えて教室に持ち込んだことことです。法律上の「子どもと大人の関係」と教育の中の「子どもと指導者の関係」はまったく異なるのです。教室では、彼らの興味・関心、意志、欲求、主体性、自主性、個性などをあたかも成人と同じように、独立した人格として遇してはならないのです。

7 権利が先かそれとも義務が先か？

汐見稔幸さんが書かれた『子どものサインが読めますか』という本を読みました。「子どもの権利条約」を説明した項に信じ難い指摘がありました。その指摘もまた「教育公害」を助長する論理の一つです。

「子どもの権利条約」は一九九八年に国連で制定されました。日本は制定から五年遅れて条約を批准しました。「子宝の風土」が批准をためらった〝気分〟が筆者にはよくわかります。しかしその後、日本の自治体でもそれぞれの自治体の状況に即して「子どもの権利条例」を制定しようとする動きが出ました。最初に制定したのは「兵庫県の川西市」だったそうです。同じような動きが各地に波及しました。ところが議論の経過の中で「子どもの権利条例」は子どもの「責任条例」のような趣を呈することになって「もめた」そうです。具体的には子どもの「権利」という文言が消えたり、後退したりして、その代わりに「社会の一員として責任を果たす」とか「責任を持って行動していくためには、社会におけるきまりごとや役割を自覚」しなければならない、というような文言が前に出てきたというのです。「権利」を強調すべきか、「責任」を強調すべきかでいくつかの自治体の中で意見が対立したそうです。「もめる」のは当然のことであろうと筆者は思います。

ところがこの間の事情を説明した汐見さんの見解は以下の通りです。

「これまでの健全育成は、子どもの思いや意見をしっかり大人が聞いて、彼らが納得する形で社会的処遇がなされてこなかったことが問題ではなかったか。子どもの意見表明をもっと尊重すべきだ。それが子どもの権利をだいじにすることだ、というのが子どもの権利条約の精神なのだ。義務それが骨抜きにされる条例では、子どもはまた異なった形で管理されることにならないか。

が大事だとしばしば強調されるが、義務は権利が満たされてこその義務なのだ。」*

＊汐見稔幸『子どものサインが読めますか』女子パウロ会、一六八頁。

驚きました。以下は筆者の見解です。

「権利が先かそれとも義務が先か？」と問われれば、「義務」が先に決まっています。「義務は権利が満たされてこその義務なのだ」という原著者の考えはまったく逆で「義務が果たされてこその権利です」。共同生活もその舞台となる社会のシステムも構成員が義務を果たすという約束の上に成り立っています。欧米の哲学者が論じた通り社会は構成員の「契約」の上に成り立ちます。「契約」は「共益」または「公益」のための約束です。マンションの共益費から交通ルール、給食費や納税の義務まで構成員が共同生活のシステムを成り立たせている約束とルールを守らなければ、ホッブスのいう「万人の万人に対する戦い」は避けられないでしょう。「社会契約」は人間の欲求を野放しにしないための約束です。人間の無限の欲求で限られた資源を分配しようとすれば、社会は大混乱の争いに陥るでしょう。約束を守ることが先で、「分け前の権利」を主張するのは後に決まっているのです。「義務は権利が満たされてこその義務なのだ」という論理は、一般論の上でも間違いですが、こうした発想をすでに「子どもが最も大事な存在である」ことを合意している「子宝」の風土に持ち込んだときは致命的な間違いです。義務を顧みることなく、子どもの「権利」が優先されれば、子どもは文字通り「お子様」になります。「お子様」の意向が最優先されれば、子どもに必要なしつけや訓練を施すことはほとんど不可能になるでしょう。「義務は権利が満たされてこその義務なのだ」というような論理を日本を代表する東京大学の教授だった人が主張しているのです。影響力は小さくないでしょう。

古人は「泣く子と地頭には勝てぬ」と言いましたが、現代は「泣く子」はもとより、あらゆる「お子様」の「権利」に勝てないことになります。「半人前」の主体性を持ち上げ、その権利を言い立て、「半人前」の声をもっと聞くべきだなどと言っている日本には「小一プロブレム」も「学級崩壊」も起きるべくして起きた事態であるといえます。「へなへなで」、「社会規範を身に付けていない」精神的未熟児は不可避です。「モンスターペアレンツ」も必然です。これでは教育公害は不可避といわざるを得ません。

Ⅷ
「単眼」の教育論
――「Single Issue 主義」

1 「画一的」はすべて悪か?!――「画一性」の意味と解釈

桐野夏生氏は著名な直木賞作家です。彼女が文藝春秋編『教育の論点』の中で論じた学校の画一性についての問題は現代教育が「単眼」の「単一事項主義」に陥っているのではないかと危惧を抱かせるものでした。

桐野さんによると、小学校の絵の展覧会に行ったら張り出されていた絵の構図も、色もすべて同じようなものであったというのです。「先生が〝人物を描きましょう〟というと、必ず質問する子どもがいるそうです。〝せんせい、輪郭は黒で描くんですか、肌色ですか〟と。先生が『肌色で』と答えると、皆一斉に肌色で描くのだという」。また、体育でも「〝できないのはお宅だけです〟と教師にいわれるのを恐れて、母親達は夕暮れ時の公園で子どもに鉄棒の逆上がりを特訓する」……「学校教育の「画一」は母親に補助を要求するのである」。……「子どもが「画一」を強要されるならば、母親もまた「画一的な母親」になることを強要される。親の養育態度に個々人の差があるのは当たり前なのに、気がつくと大きな流れの中にいて絶対に逃げられないような仕組みになっていることが恐ろしい」、という指摘でした。もちろん、桐野氏が挙げた事例は事実だと思います。指摘の意味するところもなるほど恐ろしいことです。筆者もその通りだと思います。しかし、「画一性」の問題は人物画の輪郭をすべて「肌色」で描かせるという教師の指導だけに代表されるものではありません。「画一性」の問題をある特定の教員や特定の学校の指導上の「馬鹿の一つ覚え」の事例だけで論じることは危険なのです。絵画指導の画一性がいかにナンセンスであっても、特定領域・別種の事項は「画一的」に教えなければならないこともあるのです。ある単一事項の「画一性」を例に挙げて、学校教育の全部ましてや幼少年教育全体が「画一的」であってはならないと論じることは「単眼」の教育思想です。「単眼」は教育の複合性を理解しないという点で別の意味で危険なのです。

例えば、筆者が関わっている放課後児童クラブの「豊津寺子屋」は「型」の教育を重視しています。「型」の教育は、「型通り」に教えるわけですから、「画一的」指導の別名であることは疑いないでしょう。整列するときはこのように整列し、指導者にあいさつするときは最小限このようにあいさつしなさい、と教えています。掃除は手抜きをしないでみんなで最後までちゃんとやりなさい、と指導し、最小限の基本ルールには必ず従いなさい、と教えています。例外は原則として認めません。

これらのことは子どもが共同生活を送る上での最小限の集団生活技術であり、社会性だからです。

表選手です。桐野氏が指摘する体育の分野では、基本「体力」や基本「耐性」を育成するため、ミニマム・スタンダードとしてのトレーニングを課します。

筆者が名誉校長を務めた長崎県壱岐市の霞翠小学校の実践では「一〇分間マラソン」と体力増強の簡単なサーキット・トレーニングを課しました。「一〇分間マラソン」は、「速く走らなくてもいいから、「一〇分間」は止まらずに例外なく走り続けなさい」と指導しました。一〇分間でどのくらいの距離を走れるか、個別に記録を取っていくことによって子どもの体力はどんどん向上していきます。平均台や竹登りやストレッチで、筋力も、バランスも、柔軟性も向上します。「シャトル・ラン」の記録は長崎県平均や全国平均を倍以上上回りました。

「速く走らなくてもいい」というメッセージと「君ならできる」というメッセージを組み合わせて子どもに伝えるのは一つの工夫です。最低限一〇分は止まらずにがんばって耐えよ、と厳しい枠をはめるのも一つの工夫です。このような指導原則を課すと、子どもは日常の「負荷」に耐えて頑張ります。一年も経てば、「体力」も、「耐性」も驚くほど向上します。このような指導法も「画一的」と言われればその通りです、と答えざるを得ないでしょう。

しかし、画一的指導から始めても、子どもの個性や創造性に着目すれば、最後まで「画一的」に指導を続けるわけではありません。すでに世阿弥が指摘した通り、「型より入りて、型より出でよ」と指導すればいいのです。基礎・基本の「型」を踏んだ後は、本人の創意工夫で自在に「型」から踏み出す努力を促せばいいのです。「型にはめる」だけにとどまれば確かに危険を伴いますが、未熟な子どもに、なんの予備トレーニングもなしに自由にやってみなさいというのはもっと危険であることは自明でしょう。基礎・基本のトレーニングをしないで、子どもの「自主性」や「主体性」に任せるのは、教育の自殺といってもいいのです。

2 「画一指導」のTPO

教育の「画一性」を言い換えれば「型通り」とか「みんな同じように」という意味になるでしょう。また、方法論的には、「均等」、「均質」、「一斉」、「統一」、「横並び」などにも近いでしょう。子どもの発達支援には、当然、彼らの興味・関心にしたがって、自由にさせなければならない場面と、子どもの欲求の如何にかかわらず自由にさせてはならない場面とがあります。桐野さんが指摘した絵の指導にしても、デッサンの原則とか、色調の原理とか、誰もが知って誰もが守るべき基礎・基本はあるだろうと思います。絵画に限らず、他の教科でも、スポーツでも、集団生活でも、ものごとの「基礎・基本」は全員に一斉に、例外なく教えるのは当然だと思います。それを画一的と非難するとすれば、その思考法こそが画一的であるといわねばなりません。特に、幼少年期の教育においては、「個性」や「創造性」をものごとの基礎・基本抜きに議論してはならないのです。ある面で幼少年期の学校は共同社会への適応と馴致を強いるシステムでもあるのです。もともと共同生活の最低原則については人間を画一化するところでもあるのです。しかし、多くの学校は単一の「画一的社会」をつくろうとしているわけではありません。子どもに共同生活のミニマムを体得させようとしているのです。人生上の多様な価値が保障されるか、否かは家庭や学校外の社会が決めることなのです。

それゆえに、桐野さんをはじめ、たくさんの個性豊かな人が生まれてくることは私たちが知っている通りです。

不登校が問題になるのは、幼少年期の子どもが共同生活の基礎・基本を共通に学ぶ機会を損なうからです。埼玉県志木市のように、不登校児童の家庭に教員を派遣して、学校教育の履修義務の「帳尻」を合わせても、そうした児童たちは仲間との協働も、葛藤も、人間関係の意思疎通も、要するに、共同生活の基本を学んでいないのです。筆者が、志木市の不登校に対する対策実践を「学校教育の偽装」と呼んでいるのはそのためです。

したがって、教育の目標や発達の領域によって「画一的指導」が極めて有害になる場合と有益になる場合があるのだと考えざるを得ないのです。言うまでもなく、交通ルールや子どもの犯罪防止のルール等は「画一的」・「例外なし」に守らせなければなりません。桐野さんの指摘のように、絵画指導の「画一性」は危険であっても、その事例だけをもって教育はすべて「画一的」であってはならないとする「単眼」の分析もまた危険なのです。政治でも、教育でも、健康問題でも同じですが、「Single Issue（単一事項）」を『単眼』によって解釈した「部分分析」では子どもの発達の全体は見えないのです。

教育のような総合的営みが教育分業の袋小路に迷い込んで専門・特定分野の視点からのみ論じられることも教育公害を助長しているのです。少年スポーツにしても、その他の習い事にしても熱狂して見境なくのめり込んでいけば必ずどこかで発達のバランスを損ないます。植物の成長に、肥料も、日光も、水も、その他の条件もほどほどにバランスよく必要なように子どもの発達も「さじ加減」が重要です。「一道に秀でるものは二道、三道に通ず」といいますが、何ごとも幼少年期に極端に偏ればどの道も見えなくなるのです。発達支援は総合的、したがって教育は複合的に考えなければならないのです。

3 「負荷の教育論」：「負荷」はマイナスか?!――「主体性」信仰の落とし穴

「子ども中心主義」が強調されすぎると、当面問題となっている当人にのみとらわれがちになります。「子ども中心主義」が「子ども当事者主義」になるのはそのためです。目の前の子どものことに囚われれば、教育の視野狭窄が起こり、結果的に、子どもの発達や教育を考える上で他者の視点や社会の視点が欠落するのです。したがって、「子ども当事者主義」では、「配慮すべき子どもの欲求」と単なる「わがまま・勝手」を線引きする基準が希薄・曖昧になります。「認めるべき欲求」と「認めてはならない欲求」の区別が曖昧になるということです。それゆえ、子どもの「主体性」と「欲求」との混同も起こります。子ども中心主義にとって「主体性」概念は常に曖昧であり、「子どもが主体的である」とはどういうことなのか、その条件と構成要因は十分に説明されていないのです。結果的に、「主体性」は、子どもの「興味・関心」や「欲求」と等値されます。最終的に、子どもの欲求の「抑制方法」が語られない以上、「主体性」と「やりたいほうだい」とどこが違うのか、不明である場合が多いのです。

興味・関心や欲求と主体性の等値・混同が起これば、子どもの「やりたいこと」を尊重することも、「やりたくないこと」を尊重することも子ども中心主義の発想に適っていることになります。

このとき、最も注意すべきことは、子どもの「やりたいこと」あるいは「やりたくないこと」を全面的に尊重して受容すれば、しつけや教育における子どもへの「負荷」は発生しない、ということです。「負荷」をかけないということは「がんばれ」と言わないことに通じます。人間の欲求はたいがい「楽」な方に流れます。まして、自己をコントロールする能力をまだ身に付けていない子どもに教育上の「負荷」をかけなければ、体力も、耐性も、そして学力も育てることはできないでしょう。

多くの子育てや教育の参考書には、「子どもの声を聞け」と書いてあります。秩序と競争の強調が子どもも大人も住みにくくしているのだから、もっと子どもの声を聞くことこそ大事であるというのです[*]。この種の論は教育における「負荷」の意味がわかっていないのです。

*田中孝彦・筒井潤子・森博俊『教師の子ども理解と臨床教育学』群青社、二〇〇六年、七~一二頁。

日本人が日本人を育ててきた長い歴史の中の伝統的な子育てや教育の格言を検証してみてください。それらは「子宝」と「半人前」の間の危ういバランスを見事に調整しています。子どもは「一番大切な存在」であるけれども、まだ「未熟」で「発達途上」であることを忘れていません。多くの格言は、あたかも「負荷の教育論」と呼んでもいいものです。最大の理由は「子宝の風土」そのものが過保護に子どもを守り過ぎることがわかっていたからです。

「かわいい子には旅」の「旅」も、「他人のメシを食わせよ」の「他人のメシ」も、「辛さに耐えて丈夫に育てよ」の「辛さ」も、「若いときの苦労は買ってでも」の「苦労」も、発達途上の子どもに「困難」を与えよ、と強調しているのです。困難こそ「負荷」の別名であり、「子宝の風土」の教育やトレーニングの基本条件です。特に、注意すべきは、成長期に体験する「困難」は人生のワクチンであり、子どもがこれから出会うであろう「困難」に対する予防注射の意味があります。

病気予防のワクチンが実際の病原菌から培養されるように、人生の「負荷」も実際の「困難」を想定して教育に応用されるのです。「負荷」をかけることが本人の努力や挑戦を促し、心身の抵抗力を向上させるからです。体力も耐性も、筋肉や精神に「負荷」をかけることなく向上するはずはないのです。子どもが自ら進んでがんばり、自主的・主体的に努力するのであればなんら問題はないのですが、まだヒト科の動物に留まっている子どもが社会化の他律を経ずに人間になることはほとんど不可能なのです。

もちろん、ワクチンの量はほどほどの「さじかげん」の配慮が不可欠です。病気予防のワクチンに「適量」の原則が不可欠であるように、教育上の「負荷」にも「適量」の原則が不可欠です。予防注射のワクチンも与える量が度を越せば、ホンモノの病気を発生させてしまうように、人生の「負荷」

も度を越せば子どもは耐えられません。医療も、教育も「さじかげん」や「適量」が大切なのはそのためです。心身の健康についても、子どもの人生にとっても、子どもが辛がるからといって、「負荷」がすべて「問題」であり、すべて「マイナス」であるという考え方は極めて危険です。危険なのは、「負荷の与え過ぎ」であり、あるいは逆に、「負荷をまったく与えないこと」なのです。

ワクチンが病原菌に対する抗体を形成して、免疫力の向上を意図するように、教育における人生の予防注射も困難に対する抵抗力の向上を目指しています。体力の形成も、耐性の向上も「感覚体」としての人間に対する適量の負荷に対する反応の結果であり、抵抗力を向上させることです。それゆえ、適量のがんばりは教育の必要条件であり、適量のストレスも発達の不可欠の要因になります。過保護の最大の危険は子どもが必要とする負荷を周りが先回りして取り除いてしまうことです。先人の格言は「子どもの走る坂道の小石まで拾うな」と言っています。大事故につながりかねない大石は拾っても、小さな事故ですむ小石は人生に必要な「負荷」なのです。

人生は「無菌室」ではあり得ません。それどころか人生は、不運や不公平、病原菌やストレスなどさまざまな困難に満ちていると思わなければならないでしょう。だからこそ心身ともに子どもの「抵抗力」を育てることが重要なのです。子どもにも、大人にもまったく困難のない「ストレス・フリー」の生活は存在するはずはありません。それゆえ、病気の予防に、それぞれの「防衛体力」や「免疫システム」が大切であるように、子どもの人生にも困難に対する抵抗力＝心身の耐性（行動耐性や欲求不満耐性）が不可欠なのです。幼少年期のしつけや教育は無原則に「子どもの言うことを聞いてはならない」のです。保護者や指導者は「認めるべき欲求」と「認めてはならない欲求」を注意して聞き分けなければならないのです。

子ども中心主義は子どもの「言うことを聞け」と言います。子どもの主体性を大事にして、「やりたいこと」を尊重し、「やりたくないこと」もまた尊重せよ、と言います。これを欲求の「受容」と呼びます。「受容」原則に立てば、子どもへの「負荷」を最小限にする傾向は当然強くなります。彼らは眼前の子どもの反応に目がくらんで人生を生き抜く体力や耐性を育てることを忘れます。「やり抜くこと」、「耐えること」、さまざまな「困難を突破する力を育てる」ことに失敗するのです。なぜ、人生にも予防注射が必要であることを理解しないのでしょうか？　保護に傾く「子宝の風土」の副作用を知っていた先人の知恵は「負荷の教育論」を語っているのです。

4　「体験」信仰——教えることと体験することのバランス

人間の学習や体得にとって「体験」が重要であることは論を俟ちません。筆者もまた「体験論者」であることにおいて人後に落ちないつもりです。教育の第一原則は、大人も子どもも「やったことのないことはできない」ということだからです。しかしながら、体験さえすればすべてができるようになるかのような「体験」信仰もまた単眼の思想であるといわなければなりません。体験信仰もまたその多くは子どもの主体性論に発しています。その主旨は〝子どもが自ら気づくまで待つべきである〟

という論に代表されます。「子どもの気づき」、「子どもの発想」、「子どもの表現の豊かさ」、「子どもの自発性」等のスローガンも似たような雰囲気を有しています。子ども中心主義は、時に、教育の自由主義であり、放任主義になります。したがって、幼少年期の「型」の指導とは真っ向から対立するのです。

人間の歴史や文化や学問は延々と続いた人類の試行錯誤によって検証された知識や知恵の蓄積であることは大方の賛同を得られると思います。ここでいう知識や知恵や技術は人類の「体験」のエッセンスであるということで間違いないでしょう。このとき、たくさんの体験から導きだされた文化や学問の目的は未来に繰り返される無駄な試行錯誤や徒労の探求を回避するためであることも賛同を得られるでしょうか。試行錯誤は人間が学ぶ重要な仕組みですが、人がすべてを試行錯誤によって学ぼうとすれば人生にいくら時間があっても足りません。無駄な試行錯誤を避けるためにこそ学問は発達し、技術が蓄積され、知識が体系化されてきたのだと思います。「のびのび保育」の名のもとに、自由と放任の教育論によって発達途上の幼少年の自由を認めるということは、試行錯誤の「無駄」を放置することを意味するのです。

日本文化に限らず、世界中の多くの修行が「型」から入るのは、体験の蓄積や理論に裏づけられた方法から入るということを意味しています。

実践によって検証されていない理論は役に立たないばかりか、時に大いに有害ですが、逆に理論を無視して這い回るだけの「体験主義」も同じように時間とエネルギーの浪費を伴う無駄で有害な教育実践であることも疑う余地がありません。家庭教育や学校教育における「体験」の意味がようやく重視される時代が来ました。しかし、従来の「座学重視」の反動として、教えるべきことを教えずに子どもに闇雲に体験を強いることは多くの場合、無駄と徒労を強いることになるのです。近年導入された「生活科」や「総合的学習」の進め方には、農業体験ごっこやふるさと探検ごっこと呼ぶべき未熟な単眼の体験主義が多く含まれています。自らの体験によって「体得」することは極めて大切ですが、その無駄と限界を知ることもまた同じように大切なのです。

すでに検証されている理論による説明を受ければ瞬時にわかることも、それを知らなければ延々と試行錯誤を続けなければならなくなります。優れた先生につくこと、優れた「型」を選ぶこと、理論をきちんと学ぶことの意味はそこにあるのです。現状の総合的学習のように子どもが日常の細切れの体験を繰り返すだけでいいでしょうか？　想定された時間内に子どもが気づくこともあるでしょうが、気づかないことも多く残ることは当然でしょう。

集団生活のルールを教えずに集団生活をさせても、子どもが共同生活の原則を自得できるとは限りません。放任主義のキャンププログラムや根性主義の練習方法の「体験信仰」の問題点はそこにあります。体験は重要ですが、決して万能ではありません。体験重視の発想が「体験信仰」に陥れば、これもまた単眼の思想といわなければなりません。それゆえ、子どもの主体性、子どもの自主性に幻惑されてはならないのです。教育も子育ても鍵は発達を促す各種要因のバランスにあります。理論と体験のバランスもどちらか一方に傾けば単眼の思想であることを免れないのです。

IX 小一プロブレム

1 どこからきたのか、どうしろというのか？

子どものしつけがいかに崩壊しているかについては、現役の四人の先生方*をお招きして「インタビュー・ダイアローグ」の形式で、小学校低学年児童の実態をお聞きしました。ご登壇いただいたのはいずれも福岡県の小学校の一年生を担当している、あるいはかつて担当し、今も低学年のご指導に関わっておられる先生方です。コーディネーターは筆者が担当しました。

*第六八回生涯学習フォーラム（於：福岡県立社会教育総合センター）

「小一プロブレム」は聞きしに勝る実態です。もちろん、話題になった子ども達がＡＤＨＤ（Attention Deficit/ Hyperactivity Disorder: 注意欠陥／多動性障害）のように病的であるということではありません。明らかに学校へ入学する以前のしつけが崩壊しているという問題です。学校に入学したのに、子どもの多くは「児童」に「なれない」、「なっていない」ということでした。それゆえ、ベルがなっても教室に入らない。先生が教室においでになっても席に着かない。集団行動が取れない。時々奇声を発する。授業を始めてもおしゃべりは止まらない。落ち着きがなく、注意を聞こうとしない。机に坐って姿勢を保つこともできない。中には机を離れてどこかへ行ってしまう子どももいる。注意を与えても耳を貸さない。それればかりか、「いやだ！」と叫んで自分の欲求を押し通そうとだだをこねる。中には教師を蹴ったり、唾をかけたりする子どももまでいる。当然、人との関わりが下手である。今の学校の処罰では効果がないだけでなく、ルールに基づく禁止を強行すれば反抗して泣き叫び続けることもある。

教師の自信と誇りが崩れはじめるのはそういう時でしょう。小一プロブレムに適切に対処できなかったとき、子どもは小学校期を通して「未熟さ」を引きずり、時には「中一プロブレム」としてさらに問題を複雑化することは明らかです。学校に限らずあらゆる場所で見られる現代っ子たちの現象ですが、要するに「一人前」に向って育っていないのです。筆者の言う「一人前の方向」とは、第一に自分のことは自分でやり、自分のことは自分で決める、第二はルールに従う、第三に他者との共同生活に適応しようと努める、の三点です。第一は基本的生活習慣の確立、第二はルールへの服従と自律性、第三は他者への配慮と言い換えてもいいと思います。精神分析の専門家は「心の成熟」の条件として以下の四点にまとめていますが、これらは低学年というよりは、小学校高学年以上の青少年を想定しての分析だと思います。

① 自己の内面や感情のコントロールができること。
② 独立心の獲得（他者に依存しない）。
③ 人生の目標や計画を主体的に形成できること。
④ 他人への理解や共感があり、他人を配慮する優しさをもっているということ。*

以下は先生方から実態をお聞きした後、三十数名の参加者全員が五つのグループに分かれて、「原因の分析」と「処方」の提案についてブレイン・ストーミングを行った結果です。参加者は大部分が社会教育の関係者と教員でした。各人の発言は要約しています。まとめの責任はすべて筆者にあります。

*町沢静夫『大人になれないこの国の子どもたち』ＰＨＰ研究所、一九九九年、一七〜一八頁。

2 「親はわかっていない」!!

子どもの育て方、指導の仕方、行動モデルの提示、どれをとっても「親はわかっていない」、ということが結論になりました。「家庭教育」の多くが間違っているということです。出された観察と分析を列挙すると以下の通りです。まず、「親自身の行儀が悪い」。「規範意識は低下し」、「ルールを守らない」。「それを子どもが見ている」。「人の批判ばかりで」、自分の「反省はしない」。「生活習慣も乱れている」。「子どもの朝食すらつくらない」。「自分がよければ」という大人が増えている。一方で「子どもをペット化」しており、他方では、「子どもに振り回されている」。「親であって親でない」。したがって、「子ども以上に手がかかる」。当然、親が親たる「理想を持っていない」。しつけの基準も、怒る基準もわからず、子育てに「不安が一杯」である。「「子どもの言うことを聞くことがよい親の条件」と勘違いしている」。「子どもの嫌がることはさせない」。「「教えなければならないこと」も教えない」。「父親も子どもになめられている」。

結果的に、親の多くが「過保護」か、「放任」か、あるいはその両方に陥っているということになっています。だから、しつけはできるはずがない、というのが結論です。親は、一方で「怒ること」ができないが、他方では、切羽詰まった状況の中で、「怒るか、罵倒する」ことしかできないのです。家庭教育は多くの場面で崩壊していると診断して間違いないでしょう。

3　世間は子どものトレーニングの阻害条件に満ちている

(1)　親が置かれている状況の診断

「地域で子育てはできない」。親にとって「地域の人間関係をつくることは難しい」。「保護者同士ですらつながっていない」。「先輩世代からの子育て指導の場面もない」。「親は孤立し、子育ての不安を一人で背負い込んでいる」。「遊び場も安全性も子育て環境は悪化している」。

結論は、家族と子どもを巡る社会状況は極めて貧しい、ということです。討議の参加者も含めて、教育委員会は何をやってきたのか? 社会教育はなにをやってきたのか?! という反省になりました。

(2) 親の受難

多くの親は子どもの養育を配慮する時間やエネルギーがなくなっている、という分析も出ました。多くの親が「長時間労働に耐えている」。「少子化」も「核家族化」も「共働き」も、時代の趨勢であって個々の親では如何ともし難い。多くの親は子どもと話す時間すらなく、「子どもは親の生活スケジュールに振り回されている」。当然、「家庭内のコミュニケーションは少なく」なり、いわゆる教育力は低下する。しかも、戦後教育の失敗は親自身の「体験不足」を生み、親の基本トレーニングも不十分に終わったままである。子育てについての「親の勉強不足は明らか」であり、「愛情のかけ方は誤っており」、親は「親業」を十分に果たしてはいない。

親は親で受難の時代を生きているという観察・分析になりました。

(3) 「しつけ不在」の悪循環

上記のような条件が重なれば、当然、幼少年期の十分なしつけは困難になります。

幼児期に基本的なしつけと鍛練を経ていないので子どもの体力は「へなへな」である。耐性も育っていないので「ルールが守れず、我慢ができない」。「子ども同士の遊びが成立せず」、「異年齢の集団も体験していない」。遊び場は屋内化し、「テレビやゲームが子どもの遊びをますます抑圧している」。

親の多忙と無知は子どもの「核体験」の不足を放置している。しつけの不在は「わがまま」や「勝手」を増殖し、「やりたい放題」の子どもが放任される。子どもは大人の顔色を読み、時に「大人を舐め」、時に「びくびく」している。

「しつけの不在」は家庭に根本原因があるが、「学校は問題を補完する対応能力がなく」、「教育委員会には「現状認識が希薄で、指導能力もない」」ということでした。

小学校に行ってまで、子どもが人の話を聞けないのも、体力や集中力がないのも、朝飯を食わせてもらっていないのもあるいは子どもが朝飯を食わないのも、日常の生活技術が未熟なのも、しつけができていないことの悪循環の結果である、という結論になりました。

(4)「自己中」と「責任転嫁」病

戦後教育の失敗によって親自身の未成熟が問題の根本にあるということが最終結論になりました。保護者は自らの規範意識の稀薄を反省することなく、問題を「学校に押し付け」、「人の責任」ばかりを言い募り、わがままで、学校に「関心も持っていない」。「自分の子どもさえ良ければ」という態度もあからさまで、自信のないこと、関心のないこと、責任感のないことなどと相俟って「自己中」と「責任転嫁」はすでに教育の伝染病の症状を呈しています。

おそらくは子どもを愛するがあまり、子どもに密着し、子どもを所有し、子どもに奉仕することを役割と信じ、子どもの不幸につながることはすべて環境や他者が悪いのだと思い込んでいるのでしょう。自分でしつけができないこととしつけのできていない結果を他者に責任転嫁することは現代の子育ての「裏表」になっているはずです。

4 浅薄な「教育イデオロギー」の蔓延

教員も、社会教育関係者も含め、実に浅薄な「教育イデオロギー」が蔓延しています。個人の能力差や個性を無視した「極端な平等主義」などはその典型といっていいでしょう。

「自由とわがままのはき違い」が教育やしつけから「規範意識」を失わせたという指摘がありました。要は、育っているはずもない子どもの主体性や自主性を金科玉条として振り回す「児童中心主義」の教育論の弊害は教育界を覆い尽くしているということです。教育がいう「主体性」も、「自主性」も、「個性」も、実際の指導現場で「わがままや勝手」との線引きができず、「権利の乱用」が共同生活や社会生活で守るべき「義務」とのバランスを崩したのです。いまだ子どもであるという理由だけで、「自己責任」の原則は社会に浸透せず、「責任転嫁」の風潮は、親に対しても、子どもに対しても、社会生活の基本トレーニングを阻害する条件を蔓延させたのです。裁判所ですら、多くの子どもの事故を巡って、「子どもには当事者能力がない」という理由をもって、付き添いの教員やボランティアだけに責任を問う風潮は子どもをますます無責任な存在に育てました。子どもに「一人前」の「当事者能力」がなくとも、一〇歳の子どもには一〇歳の子どもなりの「責任の能力」はあるのです。一〇歳の子どもにわかる範囲の注意を与え、「赤い旗」を立て、ロープまで張って、その向こうには行ってはならない、と指示をしたにもかかわらず、子どもがその指示に従わずに、水の事故を起こしたときは「その子ども」の責任なのです。

子どもの「主体性」や「自主性」を尊重せよと叫ぶ「児童中心主義」の教育イデオロギーが「人権論」や「子どもの権利条約」などの衣を纏って家庭や学校や子ども会に導入されたとき、もはや誰も「子どもの「非」を正さず」、「小一プロブレム」を防止・修正する力はないのです。

5　支援集団が「ストレス」になっていないか?

児童中心主義の教育イデオロギーはあらゆる教育関係者を蝕み始めています。たくさんの問いが出されました。

「子ども会も、育成会も、ＰＴＡですらも家族にとってのストレスになっていないか?」「これらの支援集団の存在は子育てを本当に「楽」にしてくれているか?」「これらの支援集団に参加することで子どものしつけや基本的生活習慣は確立されているか?」「遊びを創造し、安全を保障することにつながっているか?」

こうした一連の「問い」に対する答えは「いない!!」でした。逆に、これらの支援集団が要求する役員の輪番制や、役員になったときの時間的制約や心理的負担は多くの親のストレスになっていることも明らかです。役員になり手がいないのがなによりの証拠ではないでしょうか! 補助金その他で行政のてこ入れがあるのに子ども会のように既存の集団が消滅し始めているのがなによりの証拠ではないでしょうか！　支援集団が「支援」機能を発揮できない理由は種々ありますが、これらの集団を指導するはずの社会教育行政が無力化し、集団を支える制度が制度疲労を引き起こし、子どもは「一人前」に近づかず、時に親のストレスになっているという指摘は看過できないでしょう。

6　就学前教育に問題あり!!

現状では、大部分の子どもが保育所か幼稚園に通っています。それゆえ、親の側に問題があったとしても就学前教育が機能していれば「小一プロブレム」の多くは防げるのではないでしょうか？

しかし、「就学前教育」もまた「機能していない」のです。家庭教育が機能せず、就学前教育が機能せず、危機は二重なのです。学校教育も、体力・耐性の養成、社会規範の体得、共同生活・集団生活への適応の面ではほとんど機能していません。実際は、三重の危機が存在しているのです。

フォーラム参加者の診断評価は就学前教育において「子どものがまんする力は養われておらず」、幼児期の「基本的しつけができていない」ということでした。「価値観の多様化」などを言い訳に就学前教育の目的が明確ではなく、指導の「中身と方法が子どもの将来を見通していない」ことも問題です。少子化の進展に伴い、スポーツ少年団から子ども会、公民館の子どもプログラムに至るまで、子どもという「顧客」の奪い合いも起こっており、結果的に、「保護者の目先の要求に振り回され、就学前教育の目的と方法が確立されていない」ことも明らかでした。

7　学校教育と教員自身の改善が不可欠

先生が指導しにくい世の中になっていることは確かだとしても、グループ討議では、学校が「小一プロブレム」を引きずっているのは、「学校にも教員にも責任がある」という結論になりました。親が学校の注文に耳を傾けないのは、教員との間に「ふだんの信頼関係がないから」であり、学校の「事なかれ主義」、「弱気な体制」も両者の意志の疎通がうまく行かない原因である、という診断です。現象的には、「教師に威厳がなく」、「自信を持って指導やしつけができていない」のです。「教師の指導力不足は明らか」であり、教師は「問題から逃げており」、「精神的に弱い」という指摘もありました。現場にとっては辛いことですが、多くの教員は「人生経験も浅く各種の体験が欠損している」のです。教師は地域と関わっていないので「子どもの地域での生活を知らず」、学校も教師も地域との関わりで、力を発揮できる状況になっていないのです。

8　無理なことを言っても実行できない!!

小一プロブレムの実態を聞いていた人たちの間からは、怒りに任せていろんな意見が出ました。子どもを取り巻く社会状況を知れば知るほど過激な感想や意見が出るのはわからないではありません。しかし、怒りやストレスに任せて、あまり無理を言っても実行できなければ問題の解決ができるはずはないのです。

親になってはならない奴が親になっているという怒りの声は、「親になる免許状を発行しろ」という意見になりました。しかし、免許状といっても誰が審査するというのでしょうか?「子どものしつけができていない親に罰を与えよ」というのもありました。「テレビは夜一二時まで!」とか、「二四時間営業を禁止せよ!」という意見もありましたが、三交替制の生産・サービスシステムを採用した以上、言っている本人も利便の恩恵は受けるときがあることでしょう。ヨーロッパなどではそうしている国もあるのですが、コンビニも深夜テレビも、多くの国民が望んでいることですから、禁止も制限も無理なことです。「良い先生を作るために給料を上げろ」というのもありました。田中角栄元総理の教職員の給与改革以来、高い給料だけで良い先生が育たないことはすでに証明済みです。むしろようやく始まる教員免許の更新制の方が有効でしょう。「子どもを強制的に子ども集団に参加させる」のも、「子育て教育」や「妊娠者の子育て学習」を義務化せよ、というのも無理です。一番無理なのは「政治よ、なんとかせよ!」でした。政治が問題の所在をわかっていれば、文部科学省の抜本改革や公立学校の「チャーター化」の実験はとっくの昔に着手されていたことでしょう。広島県であれほど多くの教員が自殺する事件も起こらなかったはずです。* 事は、交通事故が起こって死者が出るまでカーブミラーが設置されないのと同じなのです。政治家は選挙民の知力の反映であり、国民のレベルの平均値です。事態が行き詰まって問題が噴出するまで理解するはずはないでしょう。

＊浅井純『実録教育の現場』ダイナミックセラーズ出版、二〇〇頁（教育関係者自殺または変死事件一覧）

9 子どもをどうしろというのか？

子どもに対する直接的対処の処方箋も多く出ました。例えば、「子どもの社会性の訓練」を徹底する。「子どもの体力と耐性」を鍛える。「子どもに不便の体験」を与える。教育に「信賞必罰」の考え方を導入する。「当たり前の事を当たり前にさせる」。「学校で基本的しつけのプログラムを作る」。「外遊びの時間を作り、外遊びの環境を作る」。「最小限のルールは必ず守らせる」。「意図的に異年齢集団を作る」。子どもの指導に「強制力」を導入する。「敬語・丁寧語」を徹底し、「間食は許さず、食育を図る」。キャンプや通学合宿など「子どもだけで問題解決をさせてみる」。

これらの提案は、それぞれどこかに一理はあり、しつけを回復する方向につながるでしょうが、一体、「誰」が「どのように」やるのか？　スローガンを言う以上実践の主体やプログラムの中身と方法も言わなければなりません。現状の学校に期待することはまず不可能でしょう。

10 「子ども観」こそが最大の障碍である

現場に対する具体的提案の多くは親と学校を変えることでした。しかし、今、学校運営や指導のシステムをいじっても、親の思想も、学校の思想も変わることはありません!! 根本の教育思想がかわらないからこそ今日の「崩壊」状況を招いたのです。大部分の学校の先生方は戦後教育を支えてきた思想を疑ってはいません。親も疑ってはいません。親の大部分にとって子どもはもともと「宝」であり、戦後教育が唱導した「児童中心主義」の影響と相俟って、「子ども当事者主義」とでも呼ぶべき傾向はほとんど「風土病」の様相を呈しています。現代教育の崩壊に関わる個別の原因はいろいろあります。教育行政の無気力や教員組合の独善の弊害などは夙に指摘されてきたところです。

しかし、最も重大で代表的なものは戦後の「子ども観」に代表される「教育思想」です。しつけを崩壊させ、教えることを妨げてきた最大の理由が、子どもの「自主性」に任せて「教えこまない」ことが、「民主的」で、子どもの発達や幸福につながるという「児童中心主義」だったのです。

(1) 思想が変わらなければ、システムを変えても状況は変わらない!

「採用試験のあり方」を見直しても、「担任複数制」を取り入れても、「ベテランと新任のペア指導」を工夫しても、「少人数学級」をつくっても、「親のカウンセリング」を実行しても、「管理職が学級に入っても」、学校の組織を変えて「新しい指導体制」をつくっても、学校に「権限を与えても」、

「権威の回復を目指しても」、教育界が現状の「児童中心主義」思想に依拠している限り効果は上がりません。子どもの主体性や自主性概念をせめて現状の「半分」に制限しない限り学校でのしつけは不可能です。加えて、現在の学校には著しいルール違反者に対する物理的な処罰方法が存在しません。人間の社会を見る限り、洋の東西を問わずルール違反者を強制的に処罰できない組織は組織として機能するはずはありません。改正の方法には細心の注意を払わなくてはなりませんが、現行の学校教育法第一一条の「体罰禁止」規程は早急に改正して、適正にして中庸な処罰方法を導入すべきでしょう。

教育の原点には一定の「強制」が含まれざるを得ないことはすでに説明した通りです。ましてや教師を引っ掻いたり、蹴ったり、唾をはきかけたりする子どもに対して、何一つ物理的な処罰ができないようでは、他の児童を守ることはできません。「「体罰」はぜったいに認めない‼」と叫んでいる人々に対しては、〝崩壊した学級や荒れた授業〟を体験させてあげればいいのです。しつけが行き届かず、ヒト科の動物を引きずった子どもが好き勝手に荒れる状況の中で、真面目に学ぼうとしている子どもの精進や努力は誰が保障するのでしょうか? 「管理職が学級に入れば直る」ような安直な問題ではありません。カウンセリングや管理職が解決できるような問題であれば、「小一プロブレム」などという流行語が生まれるはずはないのです。

「子どものやりたい放題」を許している風土を抑制しないで、「就学前教育を強化」しても、「幼小連携/保小連携」を進めてもほとんど意味はありません。子どもの興味・関心を優先させ、子どもの欲求と子どもの主体性を混同する養育思想が変わらない限り、効果は上がらないのです。

(2) 愛情を注ぎ、交流を盛んにしても「事」は解決しない!!

提案の多くに「親子の関わり方」を変え、親相互のコミュニケーションを図れば「小一プロブレム」に有効であるという指摘もありました。「毎日本を読み聞かせ」、「向かい合って話し合い」、「親子が一緒に遊び」、「親がもっと愛情を注ぐべきである」などなどです。しかし、これらの多くはすでに多くの親が努めて実践していることです。しかし、子どもの「へなへな」も、「社会性の未熟」も解決してはいないのです。

また、親の孤立を案じて、さまざまな「ふれあいプログラム」をつくっても、「親父の会」が酒を酌み交わしても、「家族ぐるみの付き合い」をしても、「子育てサークルをてこ入れ」して、「子どもの情報を共有」しても、「子ども会活動」を支援しても、「教師と保護者のコミュニケーションを図っても」、事は解決できません。問題の核心は「交流」ではなく、子育ての「思想」だからです。「子宝の風土」は、多少の例外はあっても、子どもを「守り」、子どもの夢に「奉仕し」、子どもの欲求に献身的に「尽くして」います。結果的に、日本社会における子ども「保護」の感情は満ちあふれているといっても過言ではないでしょう。しかし、それこそが「一人前」のトレーニングを妨げている原因です。子どもを大事にするあまり、子どもが辛いと言い、いやだと言う「鍛練」は不可避的に不足することになるのです。「子宝の風土」の過剰な保護の副作用といわなければなりません。

X　子どもの「難所」の助言

1　「実践」も「同行」も伴わぬ気休め

辛かった時を振り返ってみると、いつも誰かが支えてくれたことを思い出します。難所を切り抜ける助言は人によっていろいろでしょうが、辛いときに辛いだろうと言われれば、「つらいです」と思わず気が緩みます。つい愚痴も出るでしょう。筆者もいくつかの難所を抜けてきた思い出があります。背中を押して、立ち直らせてくれた助言はいつもお叱りと励ましの両方を含んだものでした。助言の主流は「大丈夫ですよ、今止めたらあなたらしくないですよ」、「やれますよ、その調子ですよ」、「私も応援しています。がんばってください」、「お力になります。続けてください」、「あなたのやろうとしていることは間違っていません。信じていますよ」、「何でも言ってください。私は味方ですよ」などから始まる言葉でした。今でも思い出す何人かの人々の忘れ難い助言があります。

しかし、正直なところ、ありがたくない「応援」の記憶はもっとあります。それらは本人の「実践」も、「同行」も伴わない「気休め」や「なぐさめ」や「同情」でした。時には「あまり無理はしないで！」、「がんばり過ぎると身体に毒よ！」、「誰に頼まれたわけではないのだから」、「あなたがやらなくてもいいでしょう」のたぐいの「止めた方がいい」コールでした。要は、「ほどほどにしておけ」ということです。喘いでいる難所で、消極的な同情や憐憫を受けたら、一気に持続の勇気や挑戦の気合いを失います。迷いながらもがんばろうとしているときに「ほどほどでいいんだ」と言われたら、張りつめていた気がふっと緩みます。挫折しかかったこともあり、実際に諦めたこともあります。以来、人に愚痴をこぼすのは止めにしました。

2 『子どもが辛がっていることはやめて!!』――「へなへなの子ども」に振り回される愚

指導に関わった学校が学期末の研究発表会に向けて最後の一週間の練習に入っていたとき、小さな事件が起こりました。先生方の指導も、筆者ほか教育事務所の担当者のように外部から関わった者の指導も気合いが入って、山登りでいうと八合目にさしかかった追い込みの時期でした。折しも、子ども集団は劇的に力をつけてきていました。集団の先行メンバーが遅れている個人を引っ張り始めたことも歴然としていました。発声も、演技も、集団の仲間と同一歩調を取ろうとする「同調行動」も、立ち姿も、目を見張るような進歩を見せていました。「これならなんとかいけそうだ！」と実感も湧いてきました。直立することすらままならぬ何人かのへなへなの子どもの保護者に発表会の成果を見ていただくのを楽しみにしていました。

ところがＰＴＡ会長さんから校長先生に電話があり、保護者が練習の中止を希望しているというのです。六年生の子ども達が「つらがっている」という報告でした。子ども達が保護者のみなさんに練習がきつい、毎日が辛いとこぼした、ということでした。校長先生は、「応援をお願いします、今、子どもたちも、学校も変わろうとしているのです」、と言ったそうですが、学校は（子どもに無理をさせてまで）「変わらなくてもいい」という答えが返ってきそうです。先頭に立って発表会の準備に邁進していた校長先生のお気持ちはいかばかりだったでしょうか？　喜んでいただけると思っていた保護者からの思いがけない抗議と注文に甚く傷ついたであろうことは察するに余りあります。

後でわかったことですが、子どもの気持ちを先回りして、六年担任の教師から各家庭に子どもの不満や不平の気持ちを聞いてくださいというお願いをしたということでした。善意でやったにしても、現代の家庭教育の破綻状況を思えば、校長先生に説明することなく、独断で専行したことは、教師として誠に配慮の足りない行為でした。

3　なぜ子どもを信頼し、背中を押してやらないのか？

その時を振り返って、筆者は、学校が実施した程度の練習が「難所」であったとは思いませんが、現代の「へなへなの子ども」には辛い時間だったのでしょう。百歩譲って発表会の練習が子どもにとっての「難所」であったとして、担任教員も、親も、ＰＴＡ会長も子どもの辛いときの助言と応援の方向を間違えたと思います。なぜ子どもを信頼し、背中を押してやらなかったのでしょうか？

学習や練習の一番大事なときに子ども達の不平や不満を消極的に「受容」してはいけないのです。発表会の一週間前、子どもたちは丁度「山」の八合目まで登っていたといいました。練習は到達目標の頂上が見えてきたところで、当然、私たちの指導にも気合いが入っています。

「難所」を切り抜けようとしているとき、人は誰でも、身近な人から「きついところはないか？」と聞かれたら、「きついところもある」と答えます。「辛いところはないか？」と尋ねられたら、「辛いところもある」、と答えるでしょう。しかし、愚痴や弱音を吐いているのは努力を諦めるということではありません。多くの人は、「今は辛いときだな、辛いけれどがんばろう」、と自分に言い聞かせているのです。歯を食いしばっているのは前へ進むためです。

子ども達も同じでしょう。「難所」で、われわれはまさに、自分自身と戦っているのです。子どもの体内に抵抗力が育ち、精神に耐性が宿り始めているのです。そうした状況の子どもに必要なのは前進のために自信を与える励ましと応援の言葉です。「あなたならできる」というメッセージと「私もそばにいます。手伝ってあげられることはないか」という励ましです。できれば親子が同行して朗唱の練習をしてくださったり、身体運動の練習を見ていただければ子どもは勇気百倍で一気に前に進むことができたはずです。

ＰＴＡ会長さんから練習の「中止要請」が出た小さな事件の後、筆者は、校長先生にお目にかかって一文を呈し、断固これまでの練習方針を貫徹することを主張しました。「できないこと」を「できるようにする」ことが教師の役目です。「できないこと」が「できるようになれば」、子どもは「機能快」を実感します。集団の連帯の中で個人の辛さも、愚痴も吹っ飛びます。人々の拍手で達成感も実感します。学校は「教えること」のプロです。子どもの「できないこと」を「できるようにする」プロです。過保護の親からは、「親子同行」して、「できないこと」を「できるように」しようとする発想は出てこないのです。何をためらうことがありますか、と校長先生の背中を押しました。最悪の場合、保護者との衝突が深刻化したときには、顧問である筆者の首を切ればいい、とも言いました。戦わなければ、時として、現代の過保護は突破できないのです。

いろいろありましたが、結果的には学校は練習方針を貫徹し、集団演技は一気に向上しました。筆者も「鬼の役」を買ったつもりで、発表会直前まで学校に通い通しました。現代の子どもには「恐いもの」が存在しません。指導を守らない子どもの行為を大声で怒鳴り上げる外部講師の筆者は唯一「恐怖」の対象であったかもしれません。校長先生は思慮深く筆者を「おお先生」と呼んで丁重に扱ってくださったので、子どもが筆者を「畏怖する」度合いはさらに増したことでしょう。

疑いなく「鬼」への「恐怖」が一役買ったと思いますが、子どもは練習に耐え抜き、満点とはいえないまでも、その演技の動きも、リズムも、発声も、暗唱も、なんとか格好がついて発表会を迎えました。きつかった練習に耐え抜いて、満場のお客様の拍手を浴びた子どもたちの顔は誇り高く満足そうでした。事前の状態と比較したとき、子どもの変容は著しく、体力、耐性、積極性、機敏な集団行動、お客様へのあいさつなど日常生活のあらゆる面で向上したことは明らかでした。見学された保護者の不満もその後はまったく出ていないと聞きました。先生方もその後の指導に自信を深められたと確信しています。

4 保護者の過保護言動を止めよ！

子宝の風土の過保護は「風土病」であるというのが筆者の診断です。*それにしても子どもの成長の敵は過剰な保護に傾いた「子ども主義」、なかんずく「子ども当事者主義」です。現代の教育は文字通り「泣く子と地頭には勝てぬ」のです。法律上の「人権意識」や「権利意識」が、教育場面においてすらも、「泣く子」の主張を正当化します。保護者が校長先生に面と向って学校のトレーニングに文句をつけるようになりました。保護の過剰の風潮は、親が子どもの言い分のみを「受容」し、「鍛えること」を危険視するようになったのです。保護者はもとより教員までが「子どもの現状」と「あるべき子どもの基準」の区別がつかなくなっているのです。過保護に傾く親元から子どもを離し、「指導者」を信頼して、「一人前」のトレーニングを託さないかぎり、「守役」は機能しないのです。もちろん、学校の多くが、そして教師の多くが、すでに「守役」の名に値しないことは十分承知していますが、子どもの「危機」に気づいたところからトレーニングを始めなければならないことも明らかでしょう。

＊「「教育の風土病」と欠損体験」拙著『子育て支援の方法と少年教育の原点』学文社、二〇〇六年、八八～一一二頁。

保護者が子どもの欲求や言い分に振り回され、その現状を前提とし、進歩のための努力を否定すれば、「守役」の機能は停止します。学校も、社会教育も手も足も出ません。それが現状ではないでしょうか？

体力の落ちこぼれも、耐性の落ちこぼれも、共同生活の落ちこぼれも、家庭教育と学校教育が量産し、時には子ども会などの少年団体が再生産しているのです。「体力向上」の指導を二年も続けて、なお県や国の平均値に達しなかった学校もあります。今や教育界全体を「泣く子」の要求を「受容」する「子ども当事者主義」が席巻しているといっていいでしょう。「子どもの言うことに耳傾けよ」という「子ども観」こそが「辛さに耐えて丈夫に育てる」体力の錬成を妨げているのです。教師の努力と学校の指導を貫徹するためにも、保護者の過保護言動を制止することが喫緊の課題です。「親権」がなによりも優先される風土において、家庭教育の現状の悲惨さも顧みず、「家庭教育の自主性を尊重する」と謳った改正教育基本法は愚の骨頂と言うほかありません。家庭教育は「子宝の風土」の「わが子主義」・「子ども当事者主義」の前に破綻しているのです。全国を吹き荒れる「わが子主義」・「子ども当事者主義」の前に、幼少年教育を支えてきた地域の教育力は崩壊しました。学校だけが子どもを鍛える最後の拠点です。

「守役」の名に値しない学校や教師は言語道断です。本来の「守役」機能を果たし得なくなった学校は直ちに変革しなければなりません。しかし、学校に「守役」機能を取り戻す役割は保護者や市民ではありません。それこそが教育行政の仕事です。保護に傾いた子宝の風土で、幼少年教育を担当する学校の運営に市民や保護者を入れた「評議会」をつくるなど日本の教育行政は現状の診断をまったく誤っているのです。

学校こそが現代の「守役」です。地域が崩壊の一途を辿っている以上、学校だけが唯一の「守役」です。教育行政は、学校に対して、「子どもを一人前にする」という己の任務に目覚めて、もっと子どもを鍛え上げろと言うべきです。教育行政の役目は、保護者の過保護言動を制止し、「黙って学校に任せなさい」と言うべきでしょう。さらにこれまで通りに教員研修を担当するのであれば、その中身を抜本的に変えて、過保護世代の教員自身の体力と耐性を鍛え上げることから始めるべきです。このままで行けば、一〇年後の日本は親世代に輪をかけてへなへなの子どもたちで溢れることになるのです。

学校が変わらない限り、地方行政は「放課後子どもプラン」一つ実行できません。放課後の子どもも、休み中の子どもも過保護の親のもとに放置され、共同生活の基本も「生きる力」の要因も体得できません。従来の社会教育はすでに崩壊したに等しく、なんら有効な手を打つことはできていません。「子ども当事者主義」に振り回され、悪ガキの言動一つを指導できない子ども会が全滅するのは時間の問題なのです。

XI

思想と現実の背反

1 「あるべきこと」は「ないこと」です

「差別をなくそう」というとき、差別はなくなっていません。「いじめをなくそう」や「飲酒運転ストップ！」も同じです。「なくそう」というスローガンはそれが「ある」からです。ほとんどの法律も現実と背反しています。公害対策基本法は「公害」の存在を前提にしています。刑法は「犯罪」を前提としています。「あるべきこと」は「ないこと」であり、「あるべきでないこと」は「あること」なのです。教育論も同じです。

2 「児童中心主義」を生み出したのは「大人中心の風土」です

「児童中心主義」は「大人中心の風土」である欧米の社会を背景にして生まれました。近年では一世を風靡したDr.スポックの育児書が保育や教育の世界に多大な影響を与えました。欧米は、「児童中心主義」の教育思想によって、「大人中心の風土」とのバランスを取ったのです。換言すれば、欧米の教育界は大人の圧倒的支配から、子どもの興味・関心、子どもの主体性を守るために、「児童中心主義」を必要としたのです。

日本の不幸は、「児童中心主義」の教育思想を、日本の「子宝の風土」の特性を無視して導入したことです。導入したのはアメリカの占領政策です。以来、戦後最初に大学の教壇に立った教授たちが戦後世代に教え、教育界における保守と革新の政治的抗争のさなかも、保守にも革新にもほとんど疑われることなく、連綿と次の世代に受け継がれ、今や学校教育の主流となったのです。教育学部の教科書はいまでも児童中心主義の言説に満ちあふれ、延々と欧米教育思想の原理を語っているのです。

3 「ヒト科の動物」であることを忘れているのです

「あるべきこと」は「ないこと」という思想と現実の関係から考えれば、「子どもの人権」論もまた「子どもの人権が大事にされなかった風土」から生まれたことは明らかでしょう。

欧米のように、もともと大人が生活の中心にいて、子どもを支配している社会においては、児童を中心に位置づける考え方も、子どもの人権に特別な注意を払う考え方も、大人の支配とのバランスを取る上で大事な発想でした。しかし、日本の子育て風土はもともと「子どもを中心に考える風土」です。その上さらに児童中心主義の思想を「屋上屋」を置くように重ねた場合には、「子ども」を「社会」の上に置くことになります。そうなれば当然、子どもの欲求に対する歯止めが効かなくなります。子どもの興味・関心、子どもの欲求だけを説いて、子どもが社会に対して負うべき責任・役割・義務については問わなければ、子どもの要求に対する「受容」が常に過剰になることは不可避です。

結果的に、個々の子どもの「人権」・「学習権」を説くばかりで、他方、子ども集団全体の権利や学習権は説かない、ということになります。共同生活のなかで規範や学習規律を守ることのできない子どもたちから被害を受けている子どもの「人権」・「学習権」については同じようには説かない、ということになります。

児童中心主義と子どもの人権主義が結合した「子ども当事者主義」は、個々の子どもに注目しても、子ども集団全体を見ることに疎いのです。その当事者の権利に注目しても、他者の権利に注目することが疎かになるのです。

子どもの集団生活、共同生活においては、子どもの自我も、欲求も相互にぶつかり合います。そのとき、他者を思いやり、全体を考慮して、お互いの対立や摩擦を場面場面で自己調整する能力こそが耐性であり、社会性です。耐性や社会性のトレーニングをせず、子どもの欲求を放任して、集団の中に放り込めば混乱と対立が増幅されることは必至です。耐性が育まれていなければ、子どもは自分自身の欲求不満に対処できません。社会性が育まれていなければ、すぐに「ぶつかる」のも、すぐに「キレる」のも当然の結果です。子どもの権利や欲求を最優先する考え方は、子どもはいまだ「ヒト科の動物」の域を抜けきれていないことを忘れているのです。子どもが「我慢すること」や「ルールに従うこと」を教え込まれていなければ、混乱の収拾は不可能です。共同生活の練習を積んでいなければ子ども同士ではとうてい個々人の要求の調整はできません。耐性・社会性の訓練が不十分な子どもが、往々にして集団に適応できないで、共同生活から脱落していくのも当然の結果なのです。

「子どもの人権論者」はそもそも「他の子どもの人権」から教え始めるべきだったのではないでしょうか。荒れる学校、授業にならない教室においても、「学習権」論者は他の子どもの学習する権利を邪魔するな、と指導するべきだったのです。教育公害の発生源となる教育論は個々人の「人権」や「学習権」を論じるばかりで、集団の形成に必要な耐性や社会性を重視してこなかったのです。彼らは個別の子どもの権利を優先し、共同生活の確立に不可欠な、義務と責任を語ることを怠ったのです。子どもは社会の中で生き、共同生活の中で「一人前」になるという認識と視点が稀薄だったといえます。

共同生活を乱し、規範を守れない子どもの人権を擁護しなければならないとすれば、規範を守っている子どもの「被害」にはどう対処するのでしょうか？　荒れた教室の原因をつくっている子どもの「学習権」を保障するために、その教室で正常に勉強することができなくなった子どもの「学習権」

は誰が守ってくれるというのでしょうか？　荒れた学級も、授業が崩壊した学級も、時に、一年も二年も続くのです。「個の権利」だけに目を奪われて、「全体の利益」に注目しない教育論は、教育の現場を破壊し続けているのです。

4　興味・関心がなかったら教えなくていいか?!

子どもに教えるべき社会の規範の原理は単純であるべきです。「やりたくてもやってはならないことはやってはならない」。「やりたくなくてもやるべきことは我慢してやる」。原則はこの二つです。したがって、指導の際に、子どもの欲求や興味・関心を尊重するとしても、それを「他者の迷惑」や「共同生活の必要」に優先させてはならないのです。子どもが達成すべき「社会的な必要課題」より「子どもの欲求や興味・関心」を上位に置いてはならないのです。特に、幼少年期は子どもがやりたくなくても必要なことは強制してでもやらせなければなりません。子どもの欲求を社会の必要の上に置いてはならないのです。そのためにこそ「やるべきこと」に挑戦しようとする子どもに対しては、「ほめて」、「認めて」、「君ならできる」と背中を押して、励まし続けることが大事なのです。幼少年期において、子どもの「やりたいこと」をやらしておくことは通常、指導の名に値しません。「やりたいこと」をやりたいと主張するのが子どもだからです。幼少年期の指導とは、子どもが「やりたくないこと」でも、その子自身と社会の双方にとって必要であることをわからせ、その気にさせ、「指導者に認めてもらいたい」「いつかは指導者のようになりたい」、と思わせることです。

5 子どもが達成すべき「社会的課題」より「子どもの欲求や快適性」を上位に置く

「子ども中心主義」は子どもの「快・不快」を優先し、子どもの「向上」を重視しません。「子ども中心主義」が高じると、義務の分担や役割の共同遂行などといった後の人生で役立つことについても、子どもがいやがるからさせないという本末転倒な傾向が発生します。「子宝の風土」の保護者は子どもにとって辛いと思われることを先回りして想定し、子どものいやがることはさせないように努めだします。つまり「子どもの欲求や快適性」を上位に置き「他律」や「強制」を避けようとします。「他律」や「命令」は教育的でないと思い込み、子どもの個性や創造性の発達を阻害するものと多くの教育関係者は断定してきました。「児童中心主義」にとって「強制」や「命令」は「戦前教育」と同義であり、時に、「反動」と同義に受け取られます。「他律」や「強制」は子どもの「主体性」や「自主性」への侵害であるというわけです。

しかし、現実には、何も強制されず、何も命令されることのなかった子どもが自発的に役割や義務を果たすことは奇跡に近い話です。もし人生の規範や社会的課題が他律による指導なしに獲得できるのであれば、しつけも教育も不要になります。たまたま「ほめてもらいたい」・「認めてもらいたい」がために子どもが進んで行った行動を、彼らの「主体性」や「自主性」と置き換えて過大に評価することは極めて危険な錯覚です。「主体性」も「自主性」も、状況の理解力、なすべきことかどうかの判断力、なすべきことをなすべきときに実行する能力、なすべきことをなそうとする意志力の四つがなければ発現しません。そもそも幼少年期に判断力や意志力が自然発生的に形成されると仮定したとすれば子ども観の甘さというほかありません。

「子宝の風土」はただでさえ子どもの思いを優先します。だからこそ、しつけの場面、教育の場面においては、当たり前のことですが、子どものやりたいことより、子どものやるべきことを優先させ、子どもの欲求より社会の期待を優先させることが幼少年教育の原点になるのです。教育が「社会の視点」に立つということは「子どもの為すべきこと」を優先するということです。その時ようやく「子宝」という文化的概念の呪縛が解け、「子どもの視点」と「社会の視点」のバランスが取れるのです。保護者ができないのであれば、第三者が代わってその任務を果たさなければならないのです。その第三者こそが「守役」です。すなわち、学校は現代の「守役」といえます。学校が「社会の視点」に立たなければならないのはそのためです。

6　社会に対して「子どもの果たすべき義務」より子どもに対する「大人の義務」を強調する

赤い旗を立て、ロープを張り、そこから先へ行ってはならぬ、と厳しく教えるのは海水浴の原則です。しかし、そこまで口を酸っぱくして教えてもそれまでのしつけと教育が悪ければ、時に、子どもはルールを破って暴走します。この時代、万一、事故が起こったときは付き添った大人が責任を問われるのです。わかっていないのは教育界だけではなく、法曹界もまた子どもの発達上の責任能力や役割の遂行能力をほとんど「ゼロ」と考えているのです！

子どもの起こした無法な事故で大人の責任を問う論理は、子どもにはまだ「当事者能力」がないという論理です。「当事者能力」とは法曹界が子どものために発明した〝魔法の〟言葉です。「当事者能力」という言葉を使えば子どもの反社会的行動はすべて子どもの責任ではなく、周りの大人の責任ということになるのです。子どもの事故に対する「付き添いボランティア有罪論」の論拠は極めて単純な論理なのです。

しかし、子どもの発達は緩やかに、しかし、連続的に進行します。五歳の子どもの判断・行動能力と一〇歳の子どもでは大きな差があります。赤い旗も、張られたロープの説明の意味も、五歳の子どもにはわからなくても、一〇歳の子どもには必ずわかるでしょう。その指導を無視して危険な境界線を超えて行った一〇歳の子どもの無謀な行為の責任は子ども自身が負うべきなのです。助けに行った校長先生まで溺れて亡くなったという事件が起こりましたが、「悪ガキ」に水の中に引きずり込まれ死亡した校長先生のご家族の無念はいかばかりであったでしょうか！　自己抑制も判断力も「一人前」にほど遠い、時に、猿にも劣る「ヒト科の動物」のためになぜ教師が死ななければならないのでしょうか?!　幼少年期の基本的しつけの重要性を考えれば、明らかに「つのつく年までは叩いてでも教えよ」の教訓は決して間違ってはいないのです。社会に対して「子どもの果たすべき義務」を無視して、「子どもを守るべき大人の義務」のみを強調することは、教育上の間違いであるばかりか、裁判論理上の誤りでもあるのです。

XII

人間とは何か？
——教育論の前提

1 「人間観」は「教育観」を決定する

鳥取県の大山町がすべての保育所を教育委員会の管轄下に置きました。「小一プロブレム」その他の「へなへな幼少年」の問題に対処するため保育と教育を同一の視点で進めようという試みです。当然のことでしょう。幼保一元化が進まないことこそ行政の縦割りの弊害の典型といわなければなりません。幼児の養育に「保育」と「教育」の区別ができるはずはなく、「一人前」の育成に保育と教育の区別が有効であるはずもありません。

そこで大山町はあらためて保育士の研修に取りかかり、筆者は教育と保育を統一的に考える「保教育」の基調提案を担当しました。提案にあたって、幼児教育の論文を書きましたが、執筆の過程で何度か参考にした書物の論理の曖昧さにぶつかりました。曖昧さとは、実践上の検証がないのに「子どもとの対話や信頼」が大事であるとか「子どもへの共感」が子どもを向上させると助言しているような場合です。こうした教育論の曖昧さの裏側を突き詰めていくと、教育論の前提となっている人間観が曖昧だということに気づかされます。「人間観」は「教育観」を決定しているのです。

指導の原理は簡単明瞭かつ具体的でなければ人々の役には立ちません。「子どもとの対話」も、「子どもへの共感」も大事であることは否定しませんが、何が〝適切な〟対話で、どうしたら〝正しい〟共感をもつことができるかすら、人それぞれの解釈でバラバラに分かれてしまうのではないでしょうか。子どもの態度はさまざまな要因に規定されているはずです。例えば、そのときの子どもはどの程度共同生活で守るべきルールを習慣づけられているのか？　指導者の説明を理解する言語能力は習得できているのか？　過去の体験を通して「わかっていること」や「できるようになった技能」はどの程度のものか？　理解の仕方の変動要因となり得る条件を挙げれば切りがありません。

しつけがなっていない多くの現代っ子は、言っただけでは従いません。言語能力も表現の態度もトレーニングを受けていない子どもは、保護者や教師による指導を理解できません。言葉による指導だけで、子どもが動かないのが「小一プロブレム」です。言って聞かせればわかるという前提は幼児期には間違っていることが多いのです。どのような理屈をこねようと、体力も、耐性もなく、しつけが身に付いていず、規範が内面化されていない子どもが溢れていることは事実です。「へなへな子ども」は日本の未来の最大の問題ではないでしょうか。

2　共同生活の資質と能力は限りなくゼロに近い乳児

　子どもは自分のことが自分でできないところから出発します。自分のことも自分で決められないところから出発します。教え込んで、やらせてみなければできるようにはならないことは自明でしょう。しつけも教育も、限りなくゼロに近い乳児から出発せざるを得ないのです。だからこそ親は「保護者」と呼ばれるのです。子どもの人生は、何もできない、何もわからないところから出発するのです。このような人間観に立てば、教育は基本的に「教え」・「育てる」という「他動詞」になります。子どもには、「為すべきこと」をあるいは教え、あるいは励まし、あるいは強制し、あるいは評価して「体得」させていくのです。しつけは、生き方を枠にはめ、型にはめ、習慣化するところから始まります。人間はヒト科の動物として出発しているからです。ヒトは最初から人間として登場するのではない、と理解すれば、自ずと指導法が変わります。教育を論じることは畢竟人間を論じることになることに気づかざるを得ないのです。

　子どもの主体性や子どもの理解力を指導の前提にすることは、いかにも判断が甘く、時には間違っているのです。「半人前」の立居振舞は、子どもが行為の意味を理解しようとしまいと指導者が反復練習を通して教え込み、植えつけてこそ根づいていくのです。幼児の言語理解力を前提に指導することなどほとんど不可能なのです。

　教育論の背景にはその論者の人間観が反映せざるを得ません。それゆえ、筆者も人間の特性をどう捉え、その性情をどう理解しているかを整理する必要があると考えました。特に、幼少年教育には人間の動物的要素と社会的要素が不可分に関係せざるを得ないからです。

3　人間は霊長類ヒト科の動物として出発する
――《クスリやめますか、それとも人間やめますか?!》

人間は霊長類ヒト科の動物として社会に登場し、時に不幸にして、霊長類ヒト科の動物として生を終わります。それゆえ、教育の最大の任務は「ヒト科の動物」を「人間」にし、ひとたび「人間」になった人々を「ヒト科の動物」に退行させないことです。高齢者について、「時に不幸にして」というのは、極度の認知症や「植物人間」の患者として生きなければならない場合を想定しています。

かつて麻薬防止のキャンペーンポスターに《クスリやめますか、それとも人間やめますか?!》と書いてあったことを思い出します。麻薬による中毒症状が極限に至れば、「廃人」となり、しつけや教育によって身に付けた「判断力」も、「選択能力」も、「自己制御力」も失うことになります。ポスターはその状況を《人間やめますか?!》と表現したのです。このメッセージを裏返せば、人間の証明は精神の働きだということになります。「判断力」と「選択能力」と「自己制御力」を失えば人間の基幹部分を失うということです。「廃人」とは「人間を廃する」という意味ですから、廃人になればすでに「ヒト」であっても、「人間」ではないということを意味します。

こうした考え方を人間の発達過程に置き換えれば、乳幼児にも、極度の認知症患者にも、植物人間と化した患者にも当然人間としての証明力は希薄だということです。それゆえ、乳幼児には全力をあげて、言葉や社会の規範を教えます。しつけや教育による「社会化」の過程がそれです。翻って、高齢者に対してはこれまた全力をあげて、人間の条件を失わないよう、言葉や社会生活のトレーニングを導入して「認知症予防」に取り組みます。かくして、乳幼児は教育によって、ヒト科の動物から人間に成長していきます。また、高齢者に対しては教育的補強によって、ヒト科の動物に退行することのないよう教育的予防措置を講じるのです。現象的には、教育に失敗すれば、両者とも社会的な「きわけ」がなくなります。そこからヒトであっても「いまだ人間になっていない」という思いや、人間でありながら、「人間をやめてしまった」という感覚が生まれるのです。

乳幼児には近い将来確実に人間として成長する希望があります。しかし、極度の認知症患者には今のところ成長の希望がありません。乳幼児に対する虐待もありますが、相対的に認知症患者に対する虐待が多くなる根源的理由は、ここに存していると考えます。植物人間患者を巡って安楽死の議論が起こるのも同様の理由ではないでしょうか?

要するに、教育の背景には「ヒト科の動物」を「人間」にする任務と、「人間」を「ヒト科の動物」に退行させないという任務があるのです。人間になるためにも、人間を続けるためにも教育は不可欠の要素です。人間の社会化、人間の発達は自然発生的には起こらないということです。人間に「なる」のではなく、人間に「する」のであるという根拠は、「ヒト科の動物」から出発するという人間観にあるのです。

4　誰も代わりには生きられない――「他人《ヒト》の痛いのなら三年でも辛抱できる」

教育にとって一番の困難点は人間の「個体性」です。存在の「個体性」とは誰も代わりには生きられないということです。すなわち、痛みも、悲しみも、喜びも、満足も、誰も他者とは代われない、ということです。存在を分断された個体が喜怒哀楽を共有しあうことはまず不可能です。他者の身になって初めて想像することが可能ですが、問題は「他者の身になる」ことが極端に難しいということです。生来から優しい人は稀にいます。そういう人々の「感情移入」の能力は特別の能力です。世界中至る所で人々が弾圧されていても、飢え死にしていても私たちは日常的に平気で生きているではないですか？　人間の個体性を人権学習とか平和学習とか机上の空論で乗り越えることはとうていできないのです。日本人の知恵はこのことを一言で言い表しました。「他人の痛いのなら三年でも辛抱できる」というのが、それです。他者の不幸に対するわれわれの無関心の原点がここにあります。人権学習や平和学習の流行のまっただ中で子どものいじめもまた大流行しているではないですか！　言い換えれば、時代や世の中がどんなに不幸に満ちていても人間はそれとは無関係に生きていられるのです。自分が中心で、自分を律することさえできれば生きていけるということです。頭でっかちな教室での学習を通して、いじめられる相手の身になって考えることを学ぶことなどできるわけがないのです。学校の人間観、戦後教師の人間観が誠に曖昧で、甘いのです。

言語や知識はある程度まで共有が可能ですが、喜怒哀楽の情や人間の意志を他者と共有することはたいへん困難です。人生経験の浅い子どもではまず不可能といって過言ではないでしょう。他者の身になって、それぞれの認識や心理的な距離を小さくするためには少なくとも似たような体験を経る以外に方法がないのです。「我が身つねって人の痛さを知る」です。教育における体験が重要なのはそのためです。また、言語や知識はある程度まで共通化し、客観化することが可能ですが、当人の技能や行動や納得は特定の個体が得心し、会得しないかぎり身に付いたものにはなりません。特定の個体が会得したものを、言語だけで別の個体に説明することは極めて困難です。技能につきものの「コツ」一つをとっても、言語による共通化や客観化は困難です。「やってみなければわからない」のはそのためです。ここに「体得」の重要性があります。「身にしみた」という後悔も、「腑に落ちた」と納得することも、「身に付いた」という自信も、脳を通した言語上の理解を超えています。上記の理解は体験を通して心身の機能の全体が「わかった」ということです。ここでいう「わかった」は「理解」するというよりは「体得」するといった方が正確です。「身体に教える」という言い方や「身をもって知る」という言い方は「体験体得」する、と言い換えていいでしょう。

家庭教育も学校教育も、現状はあまりにも言語に依存した指導に傾いています。特に、幼少年期の教育は実際にやらせてみて全身全霊で理解させ、しかもわかったことを反復して「体得」にまで高めることが肝心です。教育界が道徳教育から社会科の授業まで、「体験」を重視するようになったのは、ようやく「体得」しない子どもはなにごともできないという事実を自覚したからです。「命の大切さ」でも、「いじめられる側の身になる」ということも、基本的に言語で教えることは難しいのです。実習を伴わない教育は、教える側も教えられる側も、多大の時間とエネルギーを浪費します。学校が言語に過剰に依存して、「頭でっかち」になったのは「誰も代わりには生きられない」という人間の個体性を忘れているからです。教員はもとより、指導主事の任命条件に病院や消防学校の体験実習を義務づけてはどうでしょうか？　少しは「介護」や「汗」の意味を理解し、「発問」や「板書」や教材研究など机上の「指導案」にこだわった小手先の指導が減少するのではないでしょうか？　その時初めて、情緒的で、抽象的な美辞麗句に満ちた空疎な学校の研究発表会が修正されるでしょう。

5　欲求の固まり

人間は欲求の固まりです。自己抑制の教育に失敗すれば、子どもは欲求至上主義になり、共同生活の秩序は崩壊します。人間のエネルギーは欲求から発し、どのように分類しようと欲求は無限であり、しかも資源は有限です。無限の欲求で有限の資源を奪い合えば秩序は直ちに崩壊するでしょう。

マズローの幸福論は、「生理的欲求または生存の欲求」から始まって、「安全の欲求」、「愛情または帰属の欲求」、「社会的承認の欲求または尊敬の欲求」、最後は「自己実現の欲求」に満たされていくとしています。マズローは欲求の順序性を指摘して大いに注目されましたが、ここでもまた、幸福の条件がすべて「欲求」を満たすことであることに注目すべきです。人間の幸福は欲求の充足に存するということです。しかし、マズローがどこまで自覚していたかはわかりませんが、人間の欲求の対象は有限です。社会という共同生活の中で、自分だけの欲求を追求すれば、必ずどこかで他者の欲求と衝突します。ホッブスのいわゆる「万人の万人に対する戦い」が始まらざるを得ません。ルールも契約も無秩序な欲求の衝突を避けるために生まれたということを納得せざるを得ないのです。教育が規範の確立を強調するのはそのためです。

駅でも、レストランでも、公民館でも、図書館でも、公共の場で、しつけのできていない悪ガキの「やりたい放題」の振る舞いは、まさにしつけのできた犬にも劣ります。「やりたい放題」は「欲求の命ずるまま」という意味です。しつけのできた犬は己の欲求をコントロールして飼い主の意志を実行しています。悪ガキとは規範が身に付いていない子どものことです。悪ガキの定義は社会が必要とする「欲求の自己抑制」のしつけができていないということです。然るに、しつけや教育の第一任務は「欲求の自己コントロール」を教えることです。端的にいえば、教育機関から刑務所まで最終の達成目標は「ルール」の心理的・社会的強制にあります。「欲求のコントロール」こそが秩序を維持する基本だからです。裏返せば、もともと人間は欲求の固まりだともいえるのです。

乳幼児の段階で、言って聞かせても、人並みに欲求の自己抑制ができない場合には、保護者や教師のような第三者がコントロールしなければなりません。それゆえ、しつけにも教育にも、叱責、懲罰、強制によるコントロール、説得や奨励や賞賛を組み合わせた自己抑制力の育成が不可欠なのです。しつけ糸で止めて、「型」を教える、ということは「欲求の自己抑制」力を体得させることと同じ意味なのです。

6 人間性は変わらない

最後の人間観察の結論は、「人間性は変わらない」、ということです。藤沢周平の時代小説が現代のわれわれの生き方に重なって多くの人の感動を呼ぶということは、どの時代も人は同じような喜怒哀楽の中で生きたということを物語っているのです。

上記の3～5の三点は筆者が想定している人間の特性です。人間性と呼んでも同じです。それらの人間性は変わらない、というのが第四の特性です。人間性が変わらない以上、教育の原点も変わるはずはないのです。

昔から人間はヒト科の動物として出発し、その子に関わる多くの人々の社会化の努力がその子を人間にしてきました。昔から人間は「個体」として存在してきました。昔から他者の代わりに生きることはできないのです。それゆえ、昔も今も、教育における体験が大事なのは何も変わらないのです。《やったことのないことは身に付かない》ことは昔も今も同じです。それを忘れたのは教育界の油断であり、教師や教育行政職員の不勉強です。

人間が「欲求の固まり」であったこともまた同じです。したがって、共同生活における「欲求の自制」が重要であることも同じです。個性の時代だからといって、子どもに「他者の迷惑」に配慮することを教えず、己の欲求を「我慢すること」をしつけない教育などは考えられないのです。「耐性」の重要性を忘れたから、「辛さに耐えて丈夫に育てる」という先人の教訓がわからないのです。いまだ「半人前」である幼少年期の修養や鍛錬の大切さを忘れた現代の親も、現代の学校もなんたる体たらくでしょうか‼

人間性が変わらないとすれば、戦前の教育にも、江戸時代の教育にも、さらにその前の時代の教育にも歴史がすくいあげてきたたくさんの知恵が残っているはずではないですか！　戦前の教育や子育てを全否定して始まった戦後教育が多くの間違いを含まざるを得なかったのは当然だったのです。戦後教育は日本の風土が培ったたくさんの知恵を、あたかもぼろを捨てるかのように捨て去ったのです。捨ててはならぬものまで捨て去ったのです。これからの幼少年教育論はそれらを拾い集めて、もう一度吟味し直し、子どもの発達段階に沿って、しつけの中身と指導の順序性を確かめていかねばならないのです。

XIII 「生きる力」とは何か?

――幼少年期の発達課題ミニマム

鳥取県大山町による幼児期の「成長の見通し」の分析を踏まえて

1 「基本的生活習慣」と「コミュニケーション能力」をつければ「生きる力」がついたことになるか?!

筆者は、「生きる力」の構成要因とその順序性の問題にこだわっています。教育行政の解説や学校の説明を聞いても常に「あいまい」だからです。

大山町の研究に接して、「生きる力」への疑問はますます高じました。幼児期の「発達課題ミニマム」の問題を子どもの生活場面を前提として、領域別に課題として提示すれば、現代の子育ての解決になり得るか、という疑問です。大山町は幼児期の「発達課題ミニマム」を「成長の見通し」というタイトルで提示しました。大山町の提案は、子どもの教育プログラムの必修課題は「基本的生活習慣」と「コミュニケーション能力」に二大別できるとしています。そして「生活習慣」は早寝早起き、食事、遊び、忍耐力に分類され、さらに具体的な生活場面の知識や技術に細分化されます。

他方、「コミュニケーション能力」は「聞く・話す」と「社会的ルール・マナー」に分類され、その後生活習慣の場合と同じように具体的な生活場面の知識や技術に細分化されます。

具体的な処方を出すまでの作業過程は、膨大な作業量で、結果も労作です。しかし、それはこれまでに大部分の育児書がやってきた作業工程や結論と同じではなかったでしょうか？

子どもの生活場面における諸知識、諸技術を「大事な課題」として示しただけで、保護者は従来の子育てを変え得るでしょうか？　指導者は指導の力点と順序を自信を持って語り得るでしょうか？

さらに、へなへなの子どもは本当にたくましく育ち得るでしょうか？

「発達課題」を具体的に提示することで本当に子どもが自立し、へなへなはへなへなでなくなるか、ということです。

2　「保小連携」実践の教訓

大山フォーラムでお聞きした「保小連携」の実践は筆者の思考にとって衝撃的でした。保育所の保育と小学校の教育を連携させてつなごうとする施策の一環とし、大山西小学校の佐藤康隆教諭が保育所に派遣されました。佐藤先生の報告のポイントは、「子どもはたくましく育ってはいない」、ということでした。佐藤教諭は、「忍耐力」、「体力」、「集中力」の低下に注目し、指導のカギは「鍛えること」であると総括しました。子どもが連発するのは「つらい」、「やだ」、「楽しくない」ということだったからです。保育所幼児の最重要課題は「基本的生活習慣」でもなく、「コミュニケーション能力」でもなく、「体力と耐性」ではないのか？　佐藤先生の疑問は筆者の疑問に重なりました。

換言すれば、幼児の諸知識・諸技術は、彼らの「生きる力」と「等値」できないということです。多少の基本的生活習慣が身に付いても、多少のコミュニケーション技術が身に付いても、それらの知識や技術と「生きる力」は別のものではないでしょうか？

3　多様な子どもの生活場面、必要とされる多様な生活知識と技術

(1)　何が重要で、何が重要でないのか？

大山町の場合も、「基本的な生活習慣・リズム」の中に「トイレットトレーニング」の問題を入れるべきか入れなくてもよいか、が問題になりました。このように子どもの生活場面を具体的に論じ始めれば、生活知識にも、技術にも無数の局面があります。そのなかから何をとって何を捨てるかは常に関係者の評価基準の問題です。大山町の教育委員会が実行したように重要なものを「選定して」、「すくいあげる」ことは可能ですが、人によって取捨選択の基準が異なることは必ず起こるでしょう。子どもの生活場面も、その生活場面に関わる「知識」・「技術」も、具体的に想定すればするほど、いろいろな種類を考慮しなければなりません。その中から大事なものだけを取り出したとしても、どれ

が決定的に大事で、どこからどの順序で取り組むか、は関係者の視点と基準次第で変わってくるでしょう。

それゆえ、保育指導者にも、保護者にも、教員にもそれぞれの「こだわり」があり、「選定基準」があって、それらの基準に即したいろいろな選択肢が残されることになります。今回の大山町案には、確かに、「からだづくり」も、「忍耐力」も、「成長のみとおし」の中の小項目として取り上げられました。しかし、小項目である以上は大項目より重要でないという意味です。

「からだづくり」と「忍耐力」という二つの小項目要因が、大項目の「コミュニケーション能力」より重要でないという根拠はなんでしょうか？　小項目で取り扱われた「忍耐力」は「基本的生活習慣」の一部にすぎないと断定していいでしょうか？　筆者のように「忍耐力」こそが「基本的生活習慣」を形成する基礎であって、その逆ではないと考える者もいます。要するに子どもの発達段階において、どの要因が最も重要であるかを「断定」する論拠は育児書によってさまざまな解釈があり、いまだ論者によって分かれているということです。発達要因の重要度を決めるにあたっても、指導の優先順位を決めるにあたっても、基準を選び出す論拠は確立していないのです。子どもの生活場面に即した知識や技術のみに着目して、知識・技術間の重要度の順序性をつけたとき、その判断が恣意的かつ論者の主観に偏る危険があるのです。

(2) 並列提示の危険性

また、一覧表を示して、「大項目」から「小項目」の順に並べていけば、一般的には、「小項目」なのだからあまり重要ではない、という見方が成り立ちます。また、領域別発達課題の一覧を提示しただけでは、原則として同列に論じられた課題の重要度は「同等」で、「並列」です。同一領域に並べておけば、課題の種類が違っても同じ比重で等値されていると受け取られることでしょう。それゆえ、大山町が作成した「成長のみとおし」一覧を拝見しても、同一領域の中の知識・技術の重要度の高低はわからず、重点指導の根拠となる「順序性」を提示することは難しいのです。提示したものは「みんな大事なのです」というのであれば、通常の育児書と変わらず「発達課題ミニマム」を示したことにはならないでしょう。「並列」は「総花」ということと同じです。保護者は並記された指導項目の全部を眺めて自分が重要だと思ったところから取り組むことになるでしょう。そのとき、子どもの生活場面における各種知識や技術のみに注目すれば、子どもが発達させるべき心身の「機能」の順序性を意識しなくなるでしょう。発達課題の並記主義はこれまでの育児書と同じ結果を生みます。育児書でも、大山町が作成した「成長のみとおし」でも提示されたことはすべて重要です。それぞれの項目が大切だということは正しいことです。しかし、そこから心身の機能の重要度の順序性は指摘できません。体力や耐性の視点を欠落した子育てや教育では知識の習得も技術の体得もおぼつかないことでしょう。大切なのは生活場面に散在する知識や技術の「横糸」を提示することではありません。知識や技術の学習や体得を可能にする心身の基本能力・機能の「縦糸」を提示することです。それこそが体力と耐性なのです。

必要課題を並列的に並記した場合、保護者が提示された「基本的生活習慣」や「コミュニケーション能力」の育成に努力したとして、結果的に子どもの「生きる力」が育つと断言できるでしょうか？「生きる力」を育てるためには、育てる視点と順序性が不可欠です。「生きる力」の構成要因に対する着眼点が欠落して、発達させるべき機能・能力の順序性に着目していなければ、「生きる力」が育つ保証はありません。

(3) 心身の基本能力を欠如していれば指導は不可能です

これまでも保育所は、多くの育児書が指摘する通り、「基本的生活習慣」の育成に着目してきたはずです。また、「コミュニケーションの能力」にも注目してきたはずです。しかし、佐藤教諭が報告した通り、「つらい」、「やだ」、「楽しくない」を連発する子どもが育っているのです。「つらい」、「やだ」、「楽しくない」を連発する子どもにどうしたらマナーや片づけやルールを教えることができるでしょうか？「集中と持続」、「我慢と努力」のできない子どもにものを教えることは基本的に不可能です。

それゆえ、養育において強調されるべきものは、子どもの生活場面における知識や技術ではなく、それらの指導を可能にする心身の能力です。それこそが「生きる力」の構成要因です。

4 「生きる力」の構成要因と指導の順序性

(1) 人生の基本機能

「生きる力」という抽象概念を丸ごと使っていたのでは、指導の中身も方法も具体的に想定できません。「生きる力」のスローガンが空回りをしたのはそのためです。「生きる力」の構成要因を取り出すためには人間の発達と進化の過程を分析する必要があります。

要因の第一は「体力」です。人間は霊長類ヒト科の動物からしつけや教育の社会的トレーニングを経て、ようやく人間になります。人間を含め、動物の生きる力の基本は「体力」です。体力が尽きればあらゆる動物は生存できません。体力がなければ学習に限らずあらゆる活動は不可能です。体験活動も不可能です。「体力」は「生きる力」の基本中の基本だということです。

要因の第二は「耐性」です。人間は、鳥や獣と分かれて進化し、分担と協力の約束をして社会をつくり、共同生活を始めました。集団で助け合って生きることを前提とする以上、契約や約束は好むと好まざるとにかかわらず守らなければなりません。「やりたくてもやってはならない」ルールもあり、「やりたくなくてもやらなくてはならない」ルールもあります。社会生活を送るためには、己を律して「我慢する力」が基本だということです。

(2) 生活能力の「横糸」と「縦糸」——指導の基本順序

このように、人間が社会で生きていく基礎と土台は「体力」と「耐性」であるということです。基礎と土台はあらゆる「学び」の前提条件です。子どものしつけはさまざまな場面を含み、さまざまな知識・技術を含みます。大事なのはしつけを通して同時進行的に育てる体力と耐性なのです。「同時進行的に」ということは、「自然にそうなる」という意味ではありません。体力と耐性こそが重要であるという意識と意志を欠落していれば、いろいろ教えたとしても、体力・耐性が育つ保証はありません。「同時進行的」指導というのは、体力が育つように配慮しながら指導の場面をつくり、我慢と努力を要求しながらしつけをする、ということです。しつけにとっても、教育にとっても後天的な学習とトレーニングを可能にする条件は、「集中と持続」を可能にする「体力」、「努力と我慢」を可能にする「耐性」です。

したがって、幼少年期に育てるべき心身の基本能力または基本機能は明らかです。最重要課題も、優先順位も、第一は体力の錬成、第二は耐性の向上です。子どもの生活場面に現れる具体的な知識や技術も大事ですが、それらはいわば子どもの日常の場面場面に必要とされる生活能力の「横糸」です。これに対して「体力」や「耐性」は、あらゆる生活場面を貫く生活能力の「縦糸」です。「横糸」の知識や技術は、場面によって変わって、多様かつ大量に存在します。一方、「縦糸」の行動機能は、全生活場面を貫徹する心身の基本能力です。その重要性は生活場面によって変わることはありません。年齢によっても変わりません。幼児にとっても、熟年にとっても生きる力の重要度の順序性が変わらないのは、人生を貫く「縦糸」が「体力」と「耐性」だからです。

(3) 「意識的同時進行」・「自覚的同時平行」の指導

大山町の「成長のみとおし」に即していえば、食べることの知識や技術も、遊ぶことの知識や技術も、社会性の知識や技術も、最も広い意味での「学力・判断力」にあたり、生活能力の「横糸」です。これに対して、学習や体験やトレーニングを支える機能は、「集中」や「持続」や「努力」や「我慢」です。これらの機能は「体力」と「耐性」の関数です。体力が不十分であれば集中はできません。耐性が不十分であれば我慢はできません。多様な生活場面の多様な「横糸」を支えているのは全場面を貫徹する生活能力の「縦糸」であることがわかります。

ただし、幼児期の重要な留意点は、「体力」や「耐性」の錬成プログラムを単独で取り出すのではなく、遊びを提供する中で体力を錬成し、社会性をしつける中で「耐性」を育てなければならないということです。生活能力の横糸も、縦糸も、「意識的同時進行」、「自覚的同時平行」の感覚で指導することが重要なのです。

したがって、子どもの行動機能に着目すれば、保護者に例示して説得するに際して、すべての活動を通して育成すべき能力の順序を示すことができます。

第一優先順位の指導――子どもの生活のあらゆる場面で意識的に、行動力、運動能力、持久力などの「体力」を育てることです。

第二優先順位の指導――子どもの生活のあらゆる場面で意識的に「集中する態度、投げ出さない意欲、キレない姿勢、勝手な行動を自己抑制する我慢強さなどの「耐性」を育てることです。
第三優先順位の指導――子どもの生活のさまざまな場面で必要になる、生活上の知識・技術、言語、習慣、道具の使い方、遊び方などを含んだ、言葉の最も広い意味での「学力」を育てることです。
第四優先順位の指導――子どもの共同生活に不可欠となるマナー、ルール、善悪の判断、礼節など「社会性」と呼ばれる資質のトレーニングです。幼児期には社会性に関する知識や技術も広い意味での学力と呼んでもいいかもしれません。「見えない学力」という発想は最も広い意味での学力概念といっていいでしょう。
第五優先順位の指導――最後は人間を人間らしくする条件の指導です。通常は感受性とかＥＱ(emotional quotient) と呼ばれています。思いやりの気持ちや優しい態度が具体的な育成目標になるでしょう。ただし、上記の四条件がすべてある程度のレベルに達した後でなければ、心や感性を育てることは難しいでしょう。ＥＱや「豊かな感受性」は、人間が人間らしく生きる、最も高度な能力と呼んでいいでしょう。
ヒト科の動物はここではじめて人間らしくなっていくのです。世間は子どもの犯罪行為が起こるたびに「豊かな心」を育てるといいますが、己に我慢を言い聞かせる「耐性」が育っていない者に、自分の欲求を抑え、自分を後にして、他者を先に思いやり、相手に優しくしろということは所詮無理なのです。
もちろん、この場合、「見えない心」や「見えない感性」を教育の目標とすることには無理があります。「心」や「感性」が容易に見えない以上、努力の結果、それらが達成できたか、否かは検証の方法がありません。感性やＥＱもまた生活場面に即した「ゆずりあう姿勢」、「義務を果たし」、「約束を励行する行為」、「他者を思いやる態度」、「みんなと仲よくしようとする働きかけ」など、子どもの具体的言動を育てなければなりません。教育は見えないものを見えるがごとくに語ってはならないのです。

筆者の結論は図１の「「生きる力」の要因と論理構造図」と図２の「「生活の中の生きる力」の関係構造図」のようになります。図１は生きる力の要因をその重要度の順に図示し、優先順位の順に下から上へ積み上げていく論理を示しています。

図２は同時進行・同時並列的に進行していく子どもの成長を末広がりの円柱構造で示そうとしています。（逆に、高齢者の「円柱」は活動の停滞とと

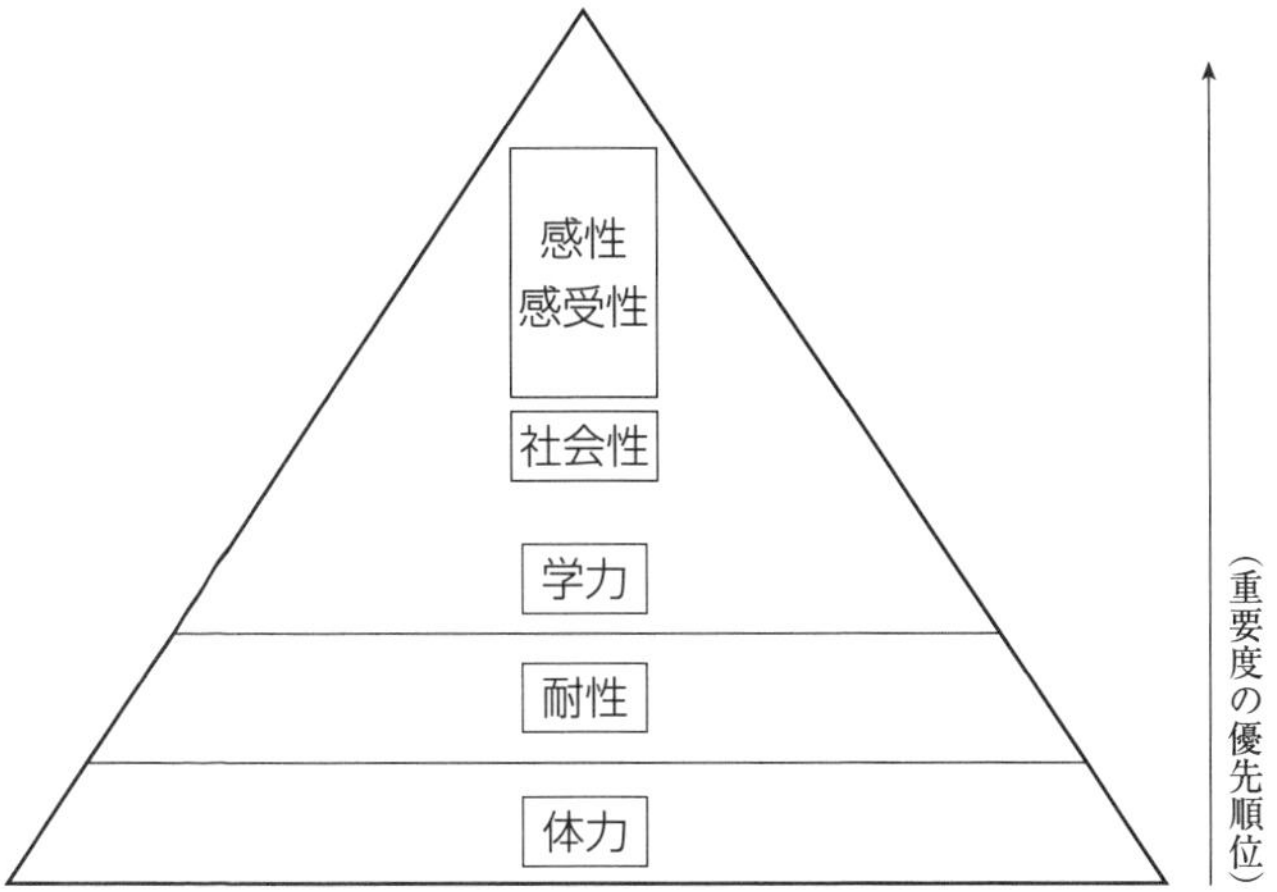

図１　「生きる力」の要因と論理構造図

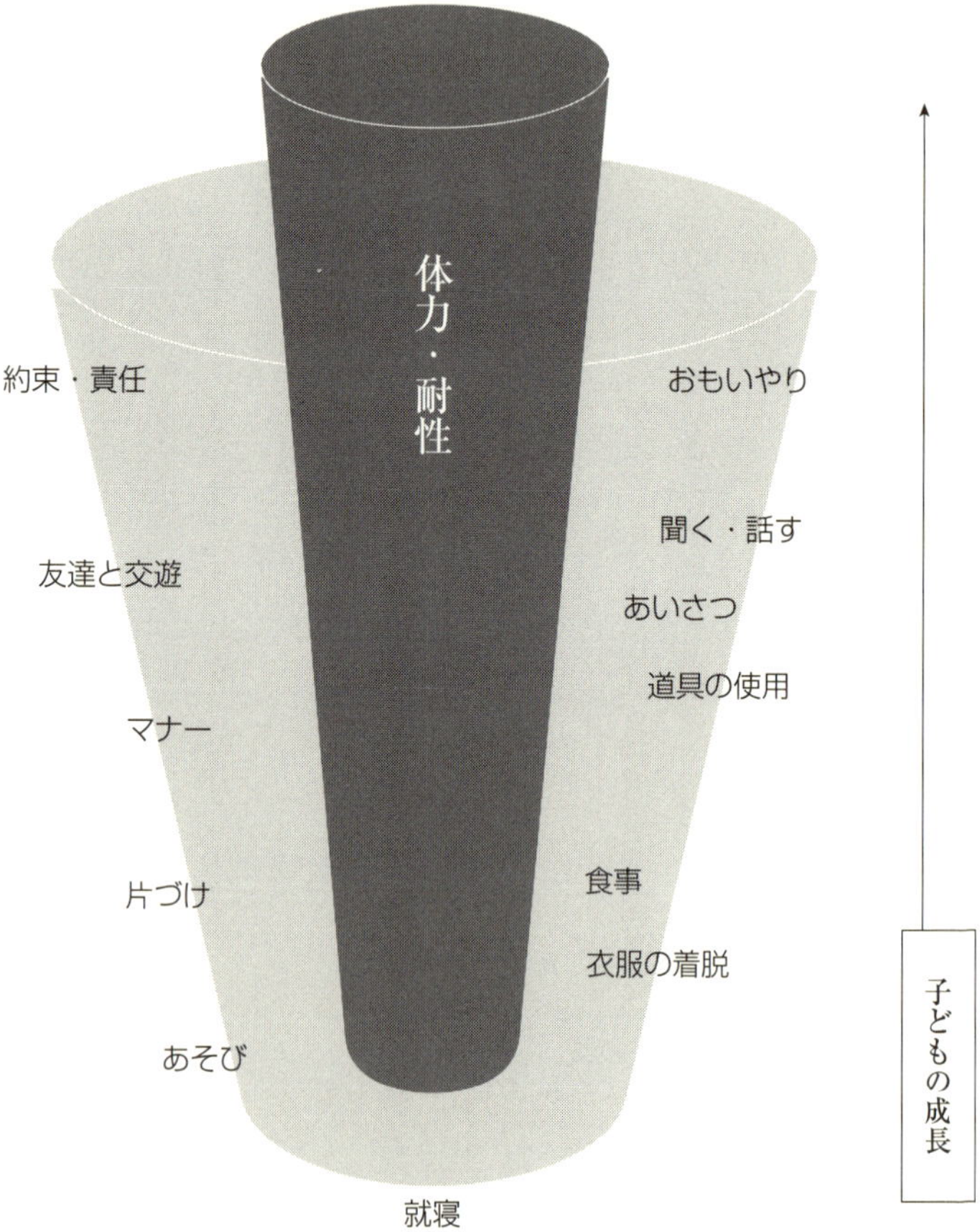

図 2 「生活の中の生きる力」の関係構造図

もに末つぼみになっていくことを想定しています)。「円柱」は人間の生活時間と領域を表しています。「末広がり」の構造にしたのは、子どもの生活領域も課題も年齢とともに拡大していくことを意味しています。今回、「関係構造図」を「円柱」にしたのは、「体力」と「耐性」がすべての学習や体得の基礎になっているだけでなく、子ども(人間)の一生を通して貫徹し、生涯の各時期のトレーニングを反映し、向上したり、衰退したりしながら変化していく能力だということを示すためです。円柱の周りには具体例として子どもの生活課題を配置しました。さまざまな生活課題の習得を支えるのが体力や耐性なのですが、同時に、生活課題の習得を通して体力や耐性の形成も行われます。生活知識・技術と体力・耐性が相互に関係しながら影響を与え合います。本来ならば、横糸と縦糸が双方向に影響を与え合いながら、「螺旋階段」を登るように、成長が進んで行く「相互関係性」があるはずなのですが、筆者の能力ではうまく図示することができませんでした。

具体例として列挙した生活課題は大山町の提案を参考にしています。図1も図2も、指導の順序は、下から上へ、底辺から頂点に向って行うべきであるという論理を示しています。図2において体力や耐性が整っていなければ「円柱」はやせ細ります。体力・耐性がないのに学力や社会性や感受性が育つはずはないという論理は三角図形においても、円柱図形においても変わりません。

もちろん人間の発達には建築工程のような、「基礎↓土台↓柱」という作業工程の厳密な順序性はないとしても、基礎が鍛えられていなければ、学力も、礼節も、人を思いやる感受性も、これらすべてを実践する実行力も育てることはできないということは間違いありません。心身ともにへなへなである子どもの現状を鍛え直すことなく、「学力」だけを上げることは困難です。まして昨今の教育界に流行している「豊かな心」を育てることなど夢のまた夢です。基礎工事も土台もできていないのにどうしてその上に家が建つでしょうか?!

別記註　鳥取県大山町の挑戦

1　教保一元化――「保教育」の創造

鳥取県大山町は小学校で頻発する「小一プロブレム」などの現実問題を考慮して、町立保育所を教育委員会の管理下に吸収し、幼児教育課を新設しました。構想の眼目は「保育」と「教育」を総合化する『保教育』にあったといっていいでしょう。大山町では統合の目的を「保育その他の子育て支援事業を、教育的側面を重視しながら総合的・系統的に進めることを主なねらいとした」と謳っています。

2　「幼児教育課」の所管と任務

新設された幼児教育課は保育所、放課後児童クラブ、要保護児童対策、家庭教育支援総合事業などを所管し、課題の「保教育」の振興については保育所経営の変革、保教育関係者の連携システムの創造、保護者・保育士の研修、「子ども教育振興計画」、「子ども教育プログラム」の策定を開始しました。

3　子どもの実態と育児環境の診断

最大の課題は、保教育は「保育」と「教育」を統合して、具体的に何をやるのか？ いつまでにやるのか？ どのようにやるのか？ ということになります。換言すれば、子どもの成長に即した発達課題ミニマムの提示にあります。

(1)　現状の診断

課題を明らかにするためには子どもの現状を具体的に診断する必要があります。当然、診断者は保育士、教職員など日々職業的に子どもの発達支援に関わっている人々になります。関係者は「子どもの実態」、「子どもを育てている保護者や家庭の実態」、自分たちの指導実態や指導システムの問題点をアンケート方式で抽出しました。

(2)　診断結果は共通

調査が氾濫している現在あらためて地域ごとの調査は必要ないというのが筆者の考えですが、予想通り、大山町の診断結果も全国各地で指摘されている状況と共通でした。以下は大山町のまとめです。

①　子どもの実態――基本的な生活習慣は確立されていず、結果的に生活リズムもマナーも身に付いてはいませんでした。領域別の特性として注目されたのは、「話が聞けないこと」、「我慢ができないこと」、「わがままであること」、「自己中心的で他者の配慮ができないこと」、「コミュニケーション能力が乏しいこと」などでした。

②　保護者・家庭の実態――家庭の子育て環境、育児状況は極めて危ういことも全国の状況と似た

ようなものでした。総括すれば、「教育力が不足していること」、「保護者の啓発・教育が必要であること」、「家庭環境から生じている各種格差の是正が必要であること」などです。

③　幼少年教育機関及び行政の実態――保育所を教育委員会の管理下に置くに際して保教育の効果を上げるために何が必要かは以下の三点に集約されました。

人的充実

指導力の向上

関係者の連携・協力

4 「大山町子ども教育プログラム」と幼少年期の発達課題ミニマム

「発達課題ミニマム」は「成長の見通しと手だて」と名づけられました。作成は保教育現場の実務者と地域の指導主事及び専門家から構成する「プロジェクト会議」です。素案は保護者にも提示され、保護者の意見も反映されました。

(1)　作成の視点

「到達目標」は「小学校一年生のすがた」を基準にして設定されました。現行の学校教育が要求する小一児童の心気体の行動力を基準としたわけです。具体的には小一カリキュラムの要求水準が基準になります。もちろん、現行の小一のカリキュラムが小一児童の〝正しい〟発達課題を反映していると断言しているわけではありません。

(2)　一年生のすがた

想定されている一年生のすがたは、例えば「自分で寝る、自分で起きる」、「食事のマナーが身に付いている」、「姿勢を正しく維持できる」など二八項目が挙げられています。

(3)　発達課題：成長の見通し——二つの領域と六本の柱

策定委員会の協議は二つの領域と六本の柱に集約されました。二つの領域は「基本的生活習慣・リズム」と「コミュニケーション能力」です。六本の柱はA「早寝早起き」、B「食事」、C「遊び」、D「忍耐力」、E「聞く・話す」、F「社会的ルール」です。

(4)　実現の手だては三領域、七項目

設定された発達課題に対して、三領域、七項目の実践処方が出されました。

第一領域——『遊び・からだづくり・忍耐力』＝処方の項目は『遊ぶ・身体づくり』です。

第二領域——『コミュニケーション能力』＝処方の項目は『聞く力を育てる』と『コミュニケーションの力を育てる』です。

第三領域——『基本的な生活リズム・生活習慣』処方は『バランスのとれた生活リズムをつくる』、『メディアと上手に付き合う』、『家族と一緒に楽しく食事』の三項目です。

領域は相互に関連づけられ、並列に置かれています。

あとがき――プロの責任―他者の評価を問う

1　校長先生との合意

生涯学習における実践研究発表と同様に、学校でも特に子どもの「発表会」を重視しました。時には、「発表会」のために実践研究をしているのか、という批判を浴びたこともあります。「その通りです」とお答えしてきました。学校研究の出発点は公開の発表会です。できれば学期ごとの定例発表会の実施こそが校長先生と合意すべき最初の一点であると考えています。

あらゆる専門職業は素人のやることとただ一点で大きく異なっています。それは結果を問うことです。結果だけを問うと言ってもいいでしょう。それゆえ、学校改革も教育指導の研究も、「他者の評価をいただく」ためにやることは何一つ恥じることではありません。関係者の思いや努力がどのように優れていても、結果を出せない専門職は専門職の敗北であり、子どもを向上させ得ない教育は口先だけで、実践の失敗といわなければなりません。この点ではクーベルタンの言う「参加」と「努力」を強調するオリンピックの精神とは異なるのです。そのオリンピックですらも、強化合宿を経て、国の威信を背負って参加する多くの選手にとっては「勝つ」という「結果」が最も重視されるようになっていることは周知の通りです。

生きる姿勢も、努力のプロセスももちろん大事ですが、専門職にとって、現世のあらゆることは結果が勝負です。特に、「育てること」や「教えること」は結果が勝負です。その意味で教育はプロスポーツ選手と同じ地平に立たされているのです。結果において子どもが「できるようにならず」、「独り立ち」ができなければ教育の失敗です。結果において「変えることができなかった」事態を、教育関係者の熱意や努力のプロセスで言い訳してはならないのです。

したがって、スポーツでも、政治でも、教育でも、第三者の評価を求めるのはプロの義務です。評価を求めるのは専門職業を向上させる具体的な方法上の原理です。もちろん、熱意において劣らなくても、あるいは人後に落ちぬ努力を傾けても結果がでないときがあります。そのときは方針ややり方の再検討が不可欠です。結果については分析から方法まで関係者の「力が足りなかった」というだけのことです。戦後日本の教育は「力が足りなかった」状況が続いているのです。

「子宝の風土」では子どもが一番大事です。それゆえ、戦後教育も熱心さにおいて、努力において他国に劣ることはなかったと思います。しかし、子どもの事実について語れば、《早寝、早起き、朝ご飯》のような恥知らずなスローガンが国民運動になったことは教育界の明らかな失敗を示しているといわざるを得ないでしょう。体力・耐性についても、規範の習得についても、学力についても、子どもの向上がみられないとすれば、学校と家庭の連携は失敗だったということです。子どもの行動変容で示せないかぎり、教育実践の結果は出ていないということです。責任は当然教育のプロの側にあるでしょう。

2 「疑うべきこと」――吟味と検証

現行日本の教育は努力主義に流され、過程主義に傾き、本筋をはずした試行錯誤を続けてきました。みんなが一生懸命で、教師も、親も、行政もみんながそれぞれにがんばったというにもかかわらず、結果が出なかったとすれば、どこかで「中身」と「やり方」を間違えたのです。結果が出ていない以上、教育行政は「最善を尽くした」という弁明では不十分であり、結果責任が問われて当然です。学校も「全力を尽くしています」と言うだけでは不足です。保護者は教育の素人ですから戦後教育の風潮の中で間違ったとしてもしかたありません。しかし、だからこそ教育行政や学校は、保護者の間違いを発見し、指摘し、修正をお願いしなければならなかったのです。「愛する」だけでも、「守る」だけでも「一人前」が育たないのは明らかではないでしょうか。また子どもの主体性を尊重して、自由にのびのびとやらせても、個性も創造性も育っていないのが現実の姿であることは明らかです。

子どもの将来に必要なことは、共同生活を原点とし、「教えること」を重視し、大事なことは「体得するまで反復」させることが不可欠だったのです。自らの主体になり切れていない子どもの「主体性」に振り回され、未熟で「半人前」の法律上の人権を教育の現場に持ち込めば、指導は成り立たなくなるのです。教育行政が間違い、学校が間違い、結果的に親も大きく間違えました。結論は「しつけ」を回復し、「教えること」を復権することです。教育の発想を一新して、これまで「できなかったこと」を「できるように」しなければなりません。

教育は、子どもを「一人前」にしてはじめて親の付託に応えたことになるのです。「一人前」は自分のことは自分でできる人のことです。自分のことは自分で決め、結果の責任を負うのです。いずれは親から離れ、日々の糧を自分の腕で稼がなければなりません。学力の向上はそのための大事な準備過程です。社会性を身に付け、礼節やコミュニケーションや規範の遵守などを会得し、不十分にしか「できなかったこと」をきちんと「できるように」して当然です。果たすべき役割も、負うべき責任も子ども自身が引き受けなければならないのです。

これらがまだできていない、というのなら、教育の「中身」と「やり方」を疑うべきです。教育における「子ども観」を疑い、「のびのび保育」を疑い、「半人前」の人権論を疑い、なぜ「いじめ」を止められないのかを厳しく問い、「ゆとり教育」を疑い、「新学力観」を疑い、「総合的学習」を疑い、「生活科」を疑い、これらの方針を打ち出した会議やシステムを疑い、会議のメンバーを選んだ教育行政を疑うべきなのです。

学校は自らを開いて、外部の評価を問うてなんの恥じるところがあるでしょうか。外部の評価を問わないことの方こそ恥ずべきことです。それゆえ、学校の研究プロジェクトで子どもが変わらなければ、学校は恥じるべきでしょう。教育の実践研究でも結果が求められて当然です。われわれの研究の対象は教育の中身と方法です。プロの仕事は、結果が出なければ、評価の対象にはなりません。子どもを「変える」と決めた以上、子どもが変わらなければ、施策も方法も失敗です。保護者が〝わからずや〟であろうと、PTAが弱体であろうと、たとえ教師の一部が非協力的であろうとも、結果を出せなければ学校の管理職は失格です。それゆえ、「子どもを変えることのできない」現代の教育も教師も基本的に問題があることを疑わなければならないのです。結果の伴わないかたちで自分たちの熱意や努力のプロセスを強調することはプロとして恥ずべきことです。一割の打率しかないプロ野球選手はどんなに練習をしていたとしても決して己を語らないはずです。

教育の目的は、学校教育、社会教育を問わず、学習者（対象）にとって望ましい未来の資質を想定して意図的に働きかける行為です。当然、対象にとって当該の教育貢献は「有効性」を持ち得たか、否か、が問われます。本人はこれまで「できなかったこと」が「できるようになった」のか、という「結果」が問われます。まして幼少年期の教育では、子どもが自らの未来を想定し、計画を立てることはできません。したがって、保護者や指導者が、その子の「望ましい未来」をどのように「想定」するかが決定的に重要です。それゆえ、学校はもちろんあらゆる幼少年教育の指導プログラムには情報公開が不可欠であり、評価が不可欠であり、関係者との対話も不可欠です。この三つを果たすためには「子どもの変容」を公開してみていただく工夫をすることが一番です。筆者が定例の発表会に拘ったのはそのためです。

3　教育行政の総合的責任

研究紀要や報告書をいくら積み上げてみても、子どもが変わらなければ保護者は関心をもって読みません。先生方だけの発表会をいくら実施しても保護者に子ども達の実状は伝わりません。積み上げた報告書は、おそらくは教育委員会の関係者も、他の学校の先生方でさえ読まないでしょう。誰も読まない膨大な報告書とはなんたる無駄なことでしょうか！　多くの報告書には「手続き」や「プロセス」ばかりが異常に強調され、子ども自身の変容が報告されていないのです。原因の第一は、子どもが変容していないからです。変容を問うべき「before」と「after」の発想が欠けているからです。「最初は何がどうであったのか?」「できるようになったのか?」そして「指導はそれをどう変えたのか?」「できなかったことは何か?」「できるようになったことは何か?」が問われます。多くの点で学校教育には具体性が欠けているのです。このことは学校の運営制度の問題ではありません。「教えること」を中心に置く考え方の問題です。子どもを教育の「客体」として発想するという考え方の問題です。

それゆえ、現在の「学校評議会」のように市民や保護者が関わったからといって、学校教育の「有効性」や「結果」が向上するという保証はないのです。戦後教育の失敗は学校に大いに責任があり、教師に責任があります。専門家と同じ比重では論じられませんが、もちろん保護者にも責任がありますしかし、一番責任があるのは、人事から運営システムまでを総合的に指導してきた教育行政にあります。教育に対する「情報公開」も、「外部評価」も、外部関係者との「対話」も、「学校開放」も実施できなかったのは教育行政が指導の責任を果たさなかったことにあります。子どもの変容を世間に具体的に示すことのできなかった責任は教育の役割や枠組みを支配した教育行政が負うべきなのです。

筆者にもようやく頑張っている先生方とのご縁ができ始めました。私たちは誰にでも、子どもの発表会で「評価を問う」のは「プロの誇りと責任である」と宣言しよう、と合意しています。人はいろいろ言います。「発表会」は「点数稼ぎ」のためにやっているぐらいのことは言うでしょう。しかし、その程度のことでわれわれの気持ちが揺れては教師が実践の先頭に立つことはできません。われわれの意欲も思いも子どもに届きません。

今回の出版もまた、学文社の三原多津夫氏のご理解とご支援によって可能になりました。熟年研究者が編集者の評価を得てどれほど励みになっているか、現役の皆さんもやがて理解できる年齢に達するでしょう。心身の健康と勤勉の意志を支えるものは、結果に対する人々の社会的承認をいただくことです。今後一層の精進をお約束してお礼に代えたいと思います。

この本はプロとして奮闘しながらも、部下の不祥事の責任を負って会社を清算し、未来の再起を誓っている旧宗林建設社長、鍋山一夫氏の敢闘の精神に捧げます。

平成二〇年二月十五日

三浦清一郎

《著者紹介》

三浦　清一郎（みうら　せいいちろう）

米国西ヴァージニア大学助教授、国立社会教育研修所、文部省を経て福岡教育大学教授、この間フルブライト交換教授としてシラキューズ大学、北カロライナ州立大学客員教授。平成３年福原学園常務理事、九州女子大学・九州共立大学副学長。平成12年三浦清一郎事務所を設立。生涯学習・社会システム研究者として自治体・学校などの顧問を務めるかたわら生涯学習通信「風の便り」編集長として教育・社会評論を展開している（http://www.anotherway.jp/tayori/）。著書に『成人の発達と生涯学習』（ぎょうせい）、『比較生涯教育』（全日本社会教育連合会）、『生涯学習とコミュニティ戦略』（全日本社会教育連合会）、『現代教育の忘れもの』（学文社）、『市民の参画と地域活力の創造』（同）、『子育て支援の方法と少年教育の原点』（同）、『The Active Senior――これからの人生』（同）などがある。中・四国・九州地区生涯学習実践研究交流会実行委員。

しつけの回復 教えることの復権
――「教育公害」を予防する

2008年５月15日　第１版第１刷発行
2011年10月５日　第１版第２刷発行

著　者　三浦　清一郎

発行者　田　中　千津子
発行所　株式会社　学　文　社

〒153-0064　東京都目黒区下目黒3-6-1
電話　03（3715）1501（代）
FAX　03（3715）2012
http://www.gakubunsha.com

印刷／(株)シナノ
製本／島 崎 製 本

ISBN 978-4-7620-1800-8